Badespaß im eigenen Garten

Bärbel Grothe

Badespaß im eigenen Garten

Duschen, Pools und Schwimmteiche

Die Deutsche Bibliothek - CIP-Einheitsaufnahme

Badespaß im eigenen Garten: Duschen, Pools und Schwimmteiche/ Bärbel Grothe (Ill.: Anna Aisenstadt). – Augsburg : Naturbuch-Verl., 1999
ISBN 3-89440-386-1

Naturbuch Verlag
© 1999 Weltbild Verlag GmbH, Augsburg
Alle Rechte vorbehalten
Illustrationen: Anna Aisenstadt, Augsburg
Umschlaggestaltung: kaba factory, Augsburg
Umschlagfoto(s): W. Redeleit
Satz: Gesetzt aus der Officina Serif 9,5/12 Punkt, von
Uhl + Massopust, Aalen
Reproduktion: Uhl + Massopust, Aalen
Druck und Bindung: Offizin Andersen Nexö, Leipzig
Gedruckt auf umweltfreundlich chlorfrei gebleichtem Papier
Printed in Germany

ISBN 3-89440-386-1

Einleitung

Wasser – just for fun

Rinnsale gluckern über einen Quellstein, ein Bach plätschert munter durchs Gelände, im Teich spiegeln sich die Wolken und ein feiner Strahl tröpfelt ins steinerne Brunnenbecken: Wasser, wie man es in den Gärten am häufigsten sieht – zum Anschauen, Verweilen oder Träumen inszeniert. Aber da ist noch etwas: der Spaß mit dem kühlen Naß! Denn Wasser ist schließlich auch ein Element, das zu eigenen Aktivitäten lockt, herrlich erfrischt, für Entspannung sorgt und nicht zuletzt der Gesundheit dienen kann.

Wen reizt es nicht, sich an einem heißen Sommertag mit dem Gartenschlauch abzuspritzen oder wenigstens die Beine in ein Bassin baumeln zu lassen. Vielleicht hatten Sie sogar schon einmal den Wunsch, völlig abzutauchen? Für Kinder jedenfalls ist die warme Jahreszeit ohne Wasser zum Planschen und Toben ganz und gar nicht vorstellbar.

Was liegt also näher, als sich im eigenen Freiraum die Möglichkeiten zu schaffen, dem Verlangen nach Abkühlung, spielerischer oder sportlicher Betätigung Rech-

Mit einem kleinen Planschbecken fängt man an, ...

...bevor man im Sommer so richtig abtaucht.

nung zu tragen. Ein paar spritzige Ideen und schon steckt man bis zum Hals im Wasser.

Naß, nasser, am nassesten

Badegelegenheiten für den Garten gibt es in den verschiedensten Größenordnungen, wie noch zu sehen sein wird. Die persönlichen Bedürfnisse, vorhandener Platz und nicht zuletzt der Geldbeutel entscheiden dann, wieviel Wasser im Einzelfall denkbar wäre.

Mit den Kindern fängt es an: Den Kleinsten kann man schon mit wenig Wasser die größte Freude bereiten. Irgendwelche alten ausgedienten Gefäße von den Ausmaßen einer Badewanne oder ein Planschbecken erfüllen ihren Zweck. Wichtig ist eine ganze Palette von Zubehör, denn je weiter es spritzt, desto doller der Spaß.
Für die Erwachsenen beginnt das Vergnügen mit einer Dusche im Freien, die je nach den Bedürfnissen mehr oder weniger komfortabel ausfallen kann.

Dann geht es kopfüber ins Thema: Schwimmen im eigenen Gartenbad. Und keine Angst, die Zeiten, da ein Swimmingpool allein den Villengärten vorbehalten war, sind passé. In Material, Aufbau und Technik unterschiedlich, bieten die Systeme eine Reihe von Lösungen für verschiedenste Situationen an. Oder soll es lieber ein Badeteich sein, in dem man schwimmen kann wie die Fische im Weiher? Blättern Sie einfach, bestimmt finden Sie eine erfrischende Variante nach Ihrem Geschmack!

Badespaß für Kinder

Allerlei nützliche Gefäße

Wasser zum Spielen, Matschen und Spritzen gehört zu den herrlichsten Spielzeugen. Und wenn es draußen so richtig warm wird, ist Baden und Planschen natürlich das Größte. Mit etwas Improvisation und nur geringem Aufwand kann dem Wunsch der ungeduldigen Wasserratten vielleicht sogar sofort entsprochen werden: ein passendes Gefäß, den Hahn aufgedreht, fertig ist das Gartenbad. Ein Becken für solche Zwecke findet sich manchmal schon in der Garage, zwischen dem alten Gerüm-

Es wäre schade, würde dieses nützliche Gefäß auf dem Dachboden verstauben.

pel, im Keller oder unter den liebevoll gesammelten Schätzen auf dem Dachboden: die lange vergessene Babybadewanne, ein verbeulter Kessel aus Großmutters Zeiten, Vaters großes Speißfaß oder die ausrangierte Zinkwanne. Am

besten eignen sich Kunststoffbehältnisse. Bei Metallgefäßen sollte man vorab prüfen, ob sie an den Rändern scharfe Kanten haben. Ein sauberes Bassin ist selbstverständlich, denn kleine Kinder trinken vom Badewasser.

Praktisch ist eine Beckenhöhe, die es den Kindern ermöglicht, bequem ein- und auszusteigen; so ist es auch am sichersten. Gerade bei den Kleineren, die beim Klettern noch etwas unbeholfen sind, ist es wichtig, daß der Behälter einen festen Stand hat und nicht leicht kippen kann. Der beste Platz für das improvisierte Freibad ist ein Stück Rasen. Für die Jüngsten sind 20 Zentimeter Wasser völlig ausreichend. Es erwärmt sich

Seerosen und Fische sollen ruhig noch eine Weile warten.

rasch und ist auch im Sitzen noch nicht beängstigend hoch. Die Älteren planschen schon gern in kniehohem Wasser.

Erst die Kinder, dann die Seerosen

Vielleicht haben Sie „später einmal" an einen kleinen Gartenteich, ein Fertig-becken mit Seerosen und einigen Fischen gedacht? Dann lohnt es, das Projekt voranzutreiben, den endgül-tigen Platz zu bestimmen und die Teichschale schon einmal zu setzen. Solche festen Kunststoffbecken sind recht robust und können älteren Kindern zunächst als Planschbecken dienen. Der umlaufende Rand für die Wasserpflanzen bietet eine herrliche Sitzgelegenheit. Für den Einbau werden zunächst die Umrisse der Teichschale mit Sand mar-kiert und 20 bis 30 Zenti-meter Arbeitsraum hinzuge-geben. Nun wird die Grube gemäß der Beckenform zu-züglich zehn Zentimetern Tiefe für das Sandbett aus-gehoben. Sandschicht ein-

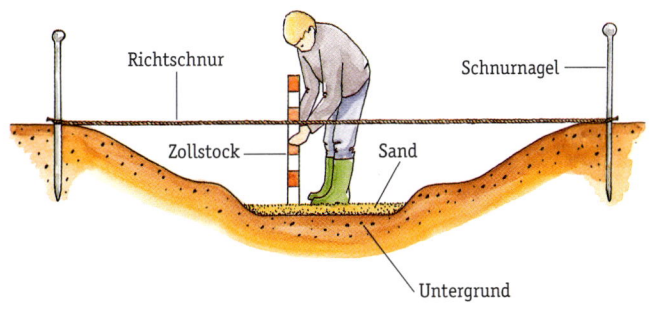

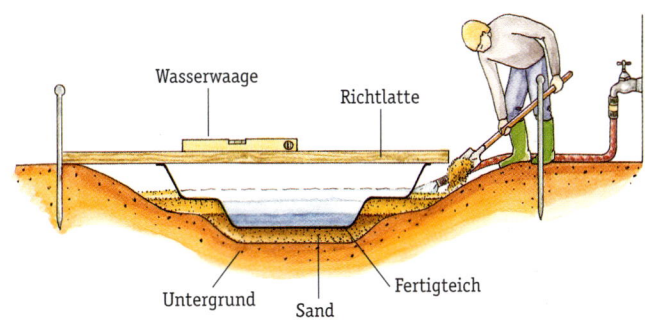

Anhand einer Schnur auf Einbauhöhe werden Grubentiefe und Sandschichtstärke geprüft (oben); Einsetzen und Einschlämmen des Fertigbeckens mit Sand (unten).

bringen und verdichten. Das Fertigbecken aufsetzen und mit Richtlatte und Wasserwaage nach allen Seiten genau waagerecht ausrichten. Anschließend wird seitlich Sand verfüllt und eingeschlämmt, wobei Wasser im Bassin sein sollte, damit es nicht aufschwemmt. Zwecks Reinigung entleert man das Becken mittels einer Pumpe oder, in Hanglage, mit Hilfe eines Schlauchstücks. Während das eine Ende ins Becken mündet, wird auf der anderen Seite das Wasser angesaugt und der Schlauch über den Beckenrand nach draußen gehängt. Dieses Stück muß unterhalb des Beckengrundes enden.

Für die Kleinsten reicht die Muschel zum Planschen, für die Größeren ist es ein herrlicher Wasserspielplatz.

Pools für die Kleinen

Die Bandbreite industriell gefertigter Planschbecken läßt eigentlich kaum Wünsche offen, man muß das Angebot nur kennen, um seine Wahl sicher treffen zu können. Schon für die Allerkleinsten sind Baby-Planschbecken mit eingearbeitetem Thermometer und gepolstertem Boden erhältlich. Darüber hinaus gibt es zwischen 70 Zentimetern Durchmesser und Modellen bis über drei Metern Länge/Durchmesser

alles, was Kinderherzen höher schlagen läßt. Eine Alternative zum luftgefüllten Becken: eine Kunststoffmuschel zum Aufklappen, auf einer Seite mit Sand, auf der anderen bei Bedarf mit Wasser gefüllt.

Folienbecken

Der bekannteste Planschbeckentyp ist das runde, dreiwülstige Folienbecken. Man kann es in den verschiedensten Größen, einfarbig oder lustig bunt dekoriert kaufen. Es ist sehr preisgünstig in der Anschaffung und hält je nach Beanspruchung im Schnitt bis zu drei Jahren. Mit einem Durchmesser von nur 70 Zentimetern paßt es

auch noch auf den Balkon. Bis zu zwei Meter gehören zum Standardsortiment; 2,50 Meter sind, zusätzlich stabilisiert, ebenfalls lieferbar.

Metallrahmen-Planschbecken

Schnell aufgebaut sind Metallrahmen-Planschbecken. Die handlichen Metallstäbe werden durch die oberen Ränder der Folienhülle des Bassins geschoben und mittels passender Kunststoffverbindungen zu Sechs- oder Achtecken miteinander verbunden. Wasser marsch! In der Anschaffung zwar etwas teurer, haben diese Becken in der Regel aber eine höhere Lebenserwartung, können auch auf harte

Flächen (etwa Hofflächen) gestellt werden und sind in größeren Abmessungen erhältlich. Die kleineren Formate gibt es zudem mit passend aufbaubarem Sonnendach.

Fix-Planschbecken

Außerdem: die sogenannten Fix-Planschbecken. Sie werden einfach ausgerollt, auseinandergefaltet und kommen allein durch den Druck des eingelassenen Wassers zum Stehen. Sehr günstig, dafür aber nicht sehr robust, sind diese Modelle eher für eine Saison gedacht. Das Einpacken zum Sommerende entfällt, Platz für die Überwinterung braucht es deshalb nicht.

Die Jumbos unter den Planschbecken

Badespaß total versprechen die Jumbos unter den Planschbecken. Für größere Kinder oder erwachsene Wasserfreunde, die gern einmal mit dem Nachwuchs abtauchen, sind die ganz Großen bis zu drei Metern Durchmesser und einer schon beachtlichen Beckenhöhe von maximal 80 Zentimetern interessant. Hier haben besonders starke Folie und spezielle Stegkonstruktionen

Ein Fix-Planschbecken, wenn es günstig und für nur eine Saison sein soll.

zwar ihren Preis, geben aber auch hohe Stabilität, so daß die Anschaffung langfristig lohnt.

Metallrahmenbecken sind in ebenso großen Abmessungen erhältlich.

Wer noch tiefer eintauchen möchte, muß auch viel tiefer in die Tasche greifen: Stahlwandbecken und Kunststoff-Faltpools aus dem professionellen Schwimmbadbereich zur Selbstmontage werden

Im Jumbo ist reichlich Platz, auch für zahlreiche Gäste.

Rasant: ein flotter Flitzer, den man auch noch mit Wasser fahren kann.

gie wird zum Erwärmen des Wassers gebraucht, außerdem kühlen kleine Kinder selbst an heißen Tagen im Wasser schnell aus. Um die Kinder, vor allem die Jüngsten aber vor der direkten Einstrahlung zu schützen, ist wiederum ein Schutz notwendig. Den Sonnenschirm in die richtige Richtung gerückt, ein Sonnensegel gespannt oder ein Planschbecken mit passendem Dach oder offenem Stoffpavillon überstellt, hilft.

Rasen ist der beste Untergrund, möglichst eben, frei von Steinen und spitzen Gegenständen. Der grüne Teppich allerdings muß leiden. Wird der Badespaß am Ende der Saison abgebaut, ist die Fläche darunter gelb und unansehnlich. Sie muß sich langsam erholen, vielleicht von einer Mischung zur Rasenregeneration unterstützt. Kleinere Planschbecken sollte man deshalb öfter verrücken oder an Schlechtwettertagen entleeren und beiseite stellen. Wer sein Becken auf einer harten, befestigten Fläche aufstellen möchte, tue dies nicht ohne Unterlage. Ein weiches Vlies oder ein sogenannter Zeltteppich aus dem Campingfachhandel leisten hier wertvolle Dienste.

in Einstiegsgrößen fürs Kinderbad angeboten. In dieser Kategorie ist das Badevergnügen aber schon mit dafür notwendiger Wassertechnik und -aufbereitung verbunden – ein Einstieg in das Gartenschwimmbad.

Oder etwas Ausgefallenes?

Wer jetzt noch nichts gefunden hat: etwas Ausgefallenes. Der Trend geht nicht nur zu größeren Becken, sondern auch zu Produkten, die Bade- und Spielspaß in einem bieten. Das beginnt mit kleineren Planschbecken in Form und Bemalung eines Autos oder Frosches, über Becken mit Insel oder „tierischer" Dusche (siehe Seite 15), bis hin zum

Wasserspielplatz, einem Becken mit kleiner Rutsche, Wurfspiel und Basketballkorb (Seite 6).

Beim Einkauf wird man das Standardangebot bei den sogenannten Marktgruppen (zum Beispiel Gartenfach-, Baumarkt, Supermärkte), in Spielwarenläden, Kaufhäusern und bei Versandfirmen finden. Wer sich für das ausgesuchte Sortiment interessiert, sollte sich an den Spielwarenfachhandel wenden oder in Kaufhäusern umsehen.

Der beste Platz ist an der Sonne...

Planschbecken sollten in der Sonne stehen. Ihre Ener-

Metallrahmen-Becken mit Sonnendach.

haltung. Hier bleibt die Entscheidung jedem selbst überlassen, höhere Wasserkosten oder den Einsatz solcher Mittel vorzuziehen. Übrigens empfiehlt es sich immer, die Becken während des Nichtgebrauchs mit passend erhältlichen Abdeckplanen zuzudecken.

Wenn die Saison vorüber ist

Ist das Badewetter vorüber, wird der Kinderpool winterfest gemacht. Die Reinigung erfolgt bei Bedarf mit einer sanften Seifenlauge, scharfe Putzmittel haben am Kunststoff nichts verloren. Dann muß das Becken gut trocknen. Um es möglichst völlig luftentleert und damit platzsparend einpacken zu können, ist der Einsatz einer umkehrbaren Pumpe sinnvoll. Durch ein Umstecken

Ein wenig Pflege muß sein

Stehendes Wasser modert, und die Kinder tragen Erde, Sand, Gras und sonstigen Schmutz ein, weshalb ein regelmäßiger Wasseraustausch im Planschbecken unerläßlich ist.
Bei den kleineren Becken ist eine häufige Entleerung und Reinigung mit einem weichen Strahl aus dem Gartenschlauch ratsam, zumal Kleinkinder noch ins Wasser urinieren. Warmwasser für die Füllung gibt es im Badezimmer, wenn dort die Anschlußmöglichkeit für den Gartenschlauch besteht.
Bei den Becken ab etwa zwei Meter Durchmesser ist der Austausch je nach Wetter und Verschmutzungsgrad zirka einmal in der

Woche fällig. Doch statt das gebrauchte Wasser einfach ablaufen zu lassen, sollte es möglichst zum Gießen der Beete oder zum Wässern des Rasens verwendet werden. Stöpsel im Boden der kleineren Becken und seitliche Ablaßventile bei den Großen ersparen mühevolles Schöpfen.
Um den Wasserverbrauch einzuschränken – ein Planschbecken von zwei Metern Durchmesser und 45 Zentimetern Höhe faßt immerhin gut einen Kubikmeter Wasser, das sich außerdem erst wieder auf Badetemperatur erwärmen muß –, bietet der Handel auch Wasserpflegemittel für Planschbecken an. Algenstop und Aktiv-Sauerstoff als gering dosierte, dienstbare Geister für die Wasserrein-

Sinnvolles Zubehör:
eine Abdeckplane.

**Falls dem Becken mal
die Luft ausgeht …**

… ist es nicht gleich reif
für die Tonne. Fragen Sie
im Fachhandel nach Er-
satzteilen und Reparatur-
sets.

Und so flickt man ein
Loch in der Folie: Die
Schadstelle säubern und
trocknen. Den Kleber auf-
tragen oder Schutzhülle
selbstklebender Repara-
tur-Folie abziehen und
den Flicken, der etwas
größer als die schadhafte
Stelle sein muß, fest an-
drücken. Kleber zwei bis
drei Stunden trocknen
lassen. Bei größeren
Schäden wird der Flicken
aufgelegt und rundherum
mit Kleber abgedichtet.

des Schlauches wird die Luft
einfach abgesaugt.
Um sich die Arbeit beim Auf-
blasen wie Absaugen mög-
lichst einfach zu machen,
ist übrigens eine Doppelhub-
pumpe empfehlenswert. Sie
arbeitet sowohl beim Ziehen
wie auch beim Drücken des
Pumpkolbens. Die Geräte
gibt es mit unterschiedlicher
Volumenleistung.
Damit das Material nicht
spröde wird, sollten die
Kunststoffbecken weder im
übertemperierten Heizungs-
keller, noch in einer eiskal-
ten Garage überwintern.
Zehn Grad Raumtemperatur
wären genehm, Zimmertem-
peratur angenehm.

*Ausrutscher sind hier
unbedingt erwünscht.*

Spritzige
Spielideen

Im Planschbecken ist es
nicht anders als in der
Badewanne: Je mehr darin
herumschwimmt, desto
größer der Badespaß. Dem
trägt natürlich auch die
Spielwarenindustrie Rech-
nung und bietet so allerlei
Interessantes für die verschiedenen Altersgruppen
an. Hinlänglich bekannt
sind bunte Wasserbälle,
Wasserringe, Luftmatratzen,
aufblasbare Boote und Bade-
tiere in allen erdenklichen
Ausmaßen. Aber auch darü-
ber hinaus gibt es viele
lustige Ideen, die es sich zu
kennen lohnt.
Die Kleinsten begnügen sich
noch damit, stundenlang

Dank Schlauchanschluß kann der Elefant Wasser aus dem Rüssel prusten.

großen Planschbecken empfiehlt sich ein Kinderboot mit eingebauter Spritze. Einfach, aber wirkungsvoll: der Ballon-Dampfer: Ein Luftballon auf dem Schornstein des Holzbootes wird durch ein Röhrchen aufgeblasen, das Boot ins Wasser gesetzt und los blubbert's, bis dem Dampfer die Luft ausgeht. Ein anderes Modell fährt mit Wasserradantrieb, der über einen Gummibandaufzug funktioniert. Vergnügen auf dem Rasen neben dem Planschbecken verspricht eine Kunststoffbahn, die sich, an den Wasserschlauch angeschlossen und durch hunderte von Wasserstrahlen besprüht, in eine Wasserrutsche verwandelt.

Wasser zu schöpfen und wieder auszugießen. Hierfür genügen ihnen Eimer oder eine Gießkanne. Beliebt ist ein im Handel erhältliches Set: drei Eimerchen, eines mit Ausgießer, eines mit Siebboden und das letzte mit offenem Mund, aus dem es das Wasser spuckt. Ebenfalls begehrt sind Wasserräder, die – wie die klappernde Mühle am rauschenden Bach – mit Wasser in Bewegung gesetzt werden. Und auch das gibt es: Planschbecken mit eingebauter oder nachrüstbarer Dusche für das vorhandene Bassin. Ältere Kinder lieben Wasserspritzen aller Art. Nicht nur Geschwister und Freunde werden damit attackiert,

sondern auch schon mal die ahnungslos auf der Terrasse sitzenden Eltern überrascht. Für die Seeschlacht im

Dieses Boot fährt mit alternativem Treibstoff, nämlich Luft.

*Die improvisierte Gartendusche
ist schnell installiert.*

Gartenduschen

Das „einfachste Modell"

Draußen ist es heiß. Jeder wünscht sich eine kalte Dusche – und die am besten gleich im Garten.
Eine spontane Abkühlung bietet die Dusche vom Typ „Gartenschlauch". Besagter wird einfach über einen Ast oder das Schaukelgerüst der Kinder geschwungen. In eine Astgabel geklemmt, locker ineinander verschlungen oder anderweitig festgemacht, wird er sich auch beim Öffnen der Leitung unter Druck nicht einfach wegdrehen. Für einen angenehm weichen Strahl sorgt eine ansonsten für die schonende Gartenbewässerung verwendete Brause.

Die Transportablen

Professioneller und zur häufigen Benutzung geeignet sind die im Handel angebotenen mobilen Gartenduschen. Sie bestehen aus einem Metallgestänge mit aufgesetztem Brausekopf, an das der Gartenschlauch mit Hilfe von Schnellkupplungen einfach angeschlossen wird. Dank eines in Hüfthöhe eingebauten Hahns läßt sich der Wasserdurchfluß stufenlos regeln oder ganz absperren. Und auch die Duschhöhe ist meist beliebig einstellbar.
Die verschiedenen Modelle unterscheiden sich außer in Material und Ausführung im wesentlichen in der Aufstellungsweise. Bei der einfachen Bauart wird das spitz zulaufende Metallrohr in den Rasen gebohrt oder einen Sonnenschirmständer gesteckt. Aufwendigere Typen verfügen über ein Dreibeinstativ. Es steht stabiler und kann auch auf befestigte Flächen gestellt werden. Dies mag hilfreich sein, empfiehlt es sich doch für die regelmäßige und ausgiebige Dusche, den Standort öfter zu wechseln oder einen Platz entsprechend herzurichten. Ein auf den Rasen gelegter, jederzeit aufnehmbarer Holzrost leistet hier wertvolle Dienste. Bei schweren, lehmigen Böden mit geringer Versickerung sollten die Roste in eine etwa 40 Zentimeter dicke Kies- oder Schotterpackung gesetzt werden. So kann das Wasser rasch ablaufen und langsam im Untergrund versickern.
Aber Achtung: Seifenwasser darf nicht in den Boden gelangen! Verzichten Sie deshalb auf jedwede Pflegemittel und verwenden Sie nur das hautschonende Naß.

Das Duschbad im Freien

Eine festinstallierte Brause im Garten ist etwas Ausgefallenes, aber für den Frischluftfreund, der sommertags schon gern morgens draußen

duscht, sicher eine ernst-
hafte Überlegung wert. Als
Zubehör für ein Schwimm-
bad ist die Dusche sogar
unerläßlich.

Der geeignete Standort

Der beste Platz ist, wie so
häufig, an der Sonne und
möglichst windgeschützt,
um nicht frieren zu müssen,
aber auch damit das Wasser
aus der Brause nicht verweht
und die Dusche kein Laub-
fang für abgefallene Blätter
wird. Die Sonne wärmt Sie
sowie den Bodenbelag Ihrer
Duschtasse. Barfuß ist das
Betreten also angenehmer,
und das Material trocknet
besser ab, vermoost lang-
samer und wird dement-
sprechend nicht rutschig.
Zweckmäßig ist ein Standort
in Hausnähe. Der Weg mit
Bademantel und Handtuch
sollte kein Spaziergang
werden, außerdem sind
kurze Entfernungen zu den
Hausanschlüssen für Wasser
und Kanalisation sinnvoll.
Gibt es ein Schwimmbad,
wird ihm natürlich auch die
Dusche zugeordnet.
Um das Brausebad ungestört
zu genießen, möchte man
fremde Blicke ausgeschlossen wissen. Erfüllt der
Standort diese Bedingung
nicht, sollte außer für die
Dusche auch Fläche für die

Heute hier, morgen da – die Transportable machts möglich.

Pflanzung einiger abschir-
mender Sträucher oder
bauliche Sichtschutzeinrich-
tungen vorgesehen werden.

Ein wenig Gestaltung

Die Vorstellung von einem
Sanitärobjekt wie der Dusche
im Garten scheint zunächst
fremdartig. Deshalb ist es
besonders wichtig, sie
optisch in die Umgebung
einzubinden.

Übrigens:

Hat der gefüllte Garten-
schlauch längere Zeit in
der Sonne gelegen und
sich das Wasser darin er-
wärmt, muß man selbst
abends, bei sinkenden
Außentemperaturen nicht
unter der Dusche frösteln.
Je länger der Schlauch,
desto mehr warmes Was-
ser steht zur Verfügung.

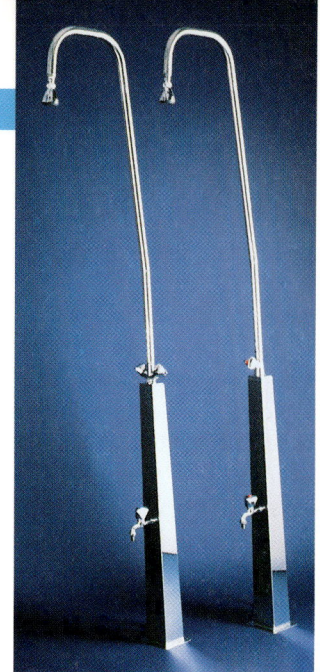

Zunächst sollte man überlegen, welche Art zum Stil des Freiraums paßt. Kann die Brause in eine bestehende oder gewünschte Gartenmauer integriert werden? Nur die aus der Wand ragenden Armaturen und eine abgesenkte Bodenfläche würden auf sie aufmerksam machen. Ein freistehendes Modell tritt, je nach Machart, mehr oder minder massiv in Erscheinung. Schlanke Duschtypen aus Aluminium oder Edelstahl für den unterirdischen Anschluß gibt es montagefertig in verschiedenen Ausführungen zu kaufen. Einige dieser Standbrausen sind werksseitig zusätzlich mit Handdusche und Entnahmehahn erhältlich. Lösungen aus Holz oder Stein setzen individuelle Entwürfe voraus. Sie fallen meist stärker ins Auge, weil hier ein „selbstbewußtes Auftreten" wichtig ist. Das abgebildete Beispiel zeigt:

Entwurf für eine „grüne Brause": gepflastertes Rondell mit Steinstelen.

Standduschen aus Edelstahl sind schlicht, aber sehr elegant.

Da der Duschkopf wenigstens in 1,80 Meter Höhe angebracht wird und die Steinsäule die rückseitig geführte Zuleitung verbergen soll, darf sie nicht zu zierlich ausfallen.
Selbst gestaltete Varianten ermöglichen die Einbindung der Dusche über die Materialien. Ist Holz im Garten ein wiederkehrendes Element, kann es sicher auch als Werkstoff für die Dusche dienen. Bestehen Wege, Stufen oder Mauern aus Stein, können die Stele für den Brausekopf und der Bodenbelag in gleicher Gesteinsart angepaßt werden.
Die Abschirmung vor neugierigen Zuschauern mit Pflan-

zen sollte nicht unbedingt aus einer geraden Reihe geschnittener Heckengehölze bestehen. Viel besser lassen sich kleine Gehölzgruppen als Sichtschutz und Übergang zum übrigen Gelände verteilen. Im Beispiel sind vier kleinere Steinsäulen als verbindende Elemente zwischen Grün und Dusche hinzugekommen. Raumsparende Sichtschutzmaßnahmen können Konstruktionen aus Segeltuch – auf einer Seite Duschvorhang, auf der anderen Sonnenschutz für einen Sitzplatz –, Gerüste mit Kletterpflanzen oder auch ein Bambusparavent sein.

Den Schlußpunkt setzen kleine Accessoires: Haken oder eine Säule für die Handtuch- und Bademantel-

Rohre und Verbindungsstücke für eine Kaltwasserleitung.

ablage oder ein Stein mit Vertiefung als Seifenschale. Eine Reihe von Überlegungen, die viel Zeit und Mühe kosten. Aber die Investition lohnt; wenn Ihre Dusche funktionalen und ästhetischen Anforderungen standhält, ist sie gelungen!

Wasserzuleitung

Für den Betrieb ist zunächst ein Kaltwasseranschluß erforderlich. Dafür kann der Hobbyheimwerker die Leitungen sogar selbst verlegen: Für die Verwendung im Außenbereich gibt es Kunststoffrohre, die über Verbindungsstücke einfach verschraubt werden. Für den Laien schwierige Löt-, Schweiß- oder Gewindeschneidarbeiten entfallen. Der Anschluß an die Hausleitung sollte jedoch vom Fachmann ausgeführt werden.

Die Leitung wird in einem 30 bis 40 Zentimeter tiefen Graben auf Sand mit durchgehendem Gefälle zu einem Punkt verlegt. Es ist wichtig, daß sie an keiner anderen Stelle des Systems tiefer liegt, dort würde sich sonst unerwünschtes Restwasser sammeln. Denn zum Winter muß die Rohrleitung wegen der Frostgefahr (die frostfreie Tiefe liegt erst bei

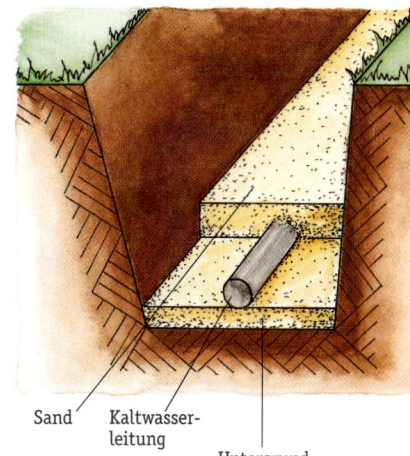

Sand   Kaltwasser-
leitung
Untergrund

Leitungsgraben für Kaltwasserrohre.

80 Zentimetern) vollständig entleert werden können. Dafür ist zunächst ein Absperrhahn zum Schließen des Zulaufs im Übergang vom Haus nach draußen nötig. Für die Entleerung wird ein Kontrollschacht aus Betonringen oder speziellem Fertigteil aus Kunststoff am tiefsten Punkt der Leitung gebraucht. Dort muß sie bei aufgedrehtem Duschhahn über einen Riegel geöffnet werden können. Für das austretende Wasser ist entweder die Versickerung oder die Einleitung in die Kanalisation vorzusehen. Wesentlich einfacher macht es ein Entleerungsventil, das es zum Beispiel zu den beschriebenen Kunststoffrohren gibt. Ohne Schacht

Im schwarzen Kollektor heizt das Wasser der Solardusche auf.

wird es direkt im Leitungsgraben am tiefsten Punkt des Systems montiert und in reichlich Kies für die Versickerung gebettet. Das Ventil reagiert auf Druckverringerung. Wird das Wasser am Haus abgesperrt, und der Hahn an der Brause aufgedreht, öffnet sich auch das Ventil und das Wasser

läuft aus. Nach allen Montagearbeiten setzt man das System unter Druck, um zu prüfen, ob Rohre und Verbindungen dicht sind. Erst dann werden die Leitungen noch einmal mit einer Sandschicht oder zum besseren Schutz auch mit speziellen Kunststoffelementen abgedeckt und der Graben verfüllt.

Warmes Wasser

Warmwasser ist Sache des Fachmanns. Oder Sie überlassen das Heizen ganz einfach der Sonne. Bei einer schlichten Solarheizung beispielsweise wird das Wasser durch schwarze Kunststoffrohre, die auf dem Garagendach liegen könnten, erwärmt, bevor es zur Dusche geleitet wird.
Perfekt ist die Sache mit der Solardusche: Mit der Tankseite nach Süden ausgerichtet, erwärmen sich darin je nach Modell 20 oder 30 Liter Wasser bis auf 50 oder 60 °C – und das nicht nur bei Sonnenschein. Diese können dann auf die individuell angenehme Duschtemperatur gemischt werden. Der Tank selber ist denkbar einfach zu befüllen: Er wird an den Gartenschlauch angeschlossen.

Wasserableitung

Wer seine Brause wirklich nur zur Abkühlung betreiben möchte, kann das Wasser auch wieder oberirdisch in einen mit durchlässigem Material gefüllten Graben leiten, wo es langsam versickert.
Da die festinstallierte Dusche in den meisten Fällen aber nicht nur der Erfrischung, sondern auch der Körperreinigung mit Seifenmitteln dient, muß das benutzte Wasser in die Kanalisation geleitet werden. Der Duschboden wird dementsprechend wasserundurchlässig, mit Gefälle zu einem Bodenablauf gefertigt. Passende Abläufe sind im Schwimmbad-Zubehör (Bodenabläufe für Betonbecken) oder unter dem Stichwort Hofablauf im Baubedarf zu finden. Ebenfalls im Baufachhandel erhältlich sind Abflußrinnen. Hofablauf und Rinne sind mit einem Schmutzfang ausgerüstet. Über allseits mit Sand umfütterte Kunststoffrohre erfolgt der Anschluß an die Kanalisation.

Die Duschtasse

Die Standfläche für die Gartendusche sollte mindestens eineinhalb Quadratmeter betragen. Anders als im Bad

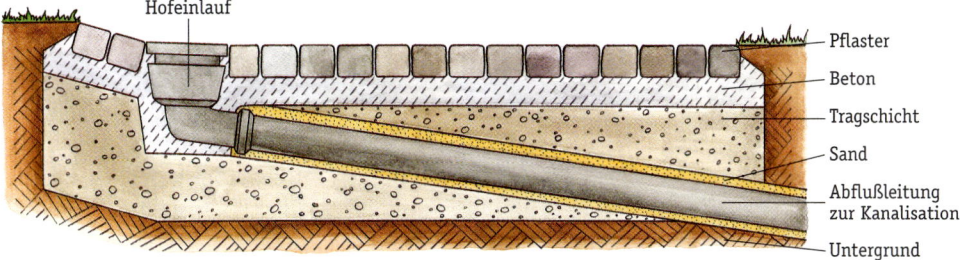

Hofeinlauf

Pflaster

Beton

Tragschicht

Sand

Abflußleitung
zur Kanalisation

Untergrund

Schnitt durch den Boden des auf Seite 18 gezeigten Entwurfs.

wird das Spritzwasser nicht von einer Abtrennung aufgehalten, trotzdem sollte möglichst wenig Seifenlauge in den Boden gelangen. Zwei bis drei Prozent Gefälle zum Ablauf muß der Bodenbelag haben. Für wasserdichte Fugen wird Pflaster nicht in Sand, sondern in Mörtel verlegt, Holzroste haben eine Betonunterlage. Fliesen, ein Material mit dem man an einen gleichartigen Terrassenbelag anknüpfen kann, müssen frostfest sein, mit rauher Oberfläche für einen sichereren Halt. Pflastersteine haben den Vorteil, jede Formgebung spielend mitzugestalten. Bei einer runden Fläche sitzt der Ablauf aber möglichst seitlich, nicht als dominanter Mittelpunkt, auch wenn dies für die Einrichtung des Gefälles am einfachsten scheint. Die genannte Abflußrinne kann in einer eckig gestalteten Bodenfläche – etwa

bei der Verwendung von Platten – den seitlichen Randabschluß bilden. Als Abdeckung gibt es neben den üblichen Gittern Alternativen in Edelstahl. Holzroste werden auf eine Betonplatte mit Gefälle zum eingearbeiteten Ablauf montiert. Zwischen Holz und Beton gehören Abstandshalter, damit das Holz abluften kann. Gefälliger wirkt der Einbau einer zusätzlichen Kies- oder Schotterschicht, in der die Roste stehen. Neben der Lärche, einer Holzart, die ohne weiteren Schutz den Kontakt mit Wasser verträgt, halten ebenfalls unimprägnierte Rotzederhölzer am besten. Bretter mit eingefrästen Rillen als Auflage sind rutschfester. Hat die Konstruktion ausreichend Möglichkeit abzuluften, bildet sich so schnell auch kein Moos – und wenn, kann ein Hochdruckreiniger helfen. Duschböden in Verbindung

zum Swimmingpool werden häufig in den Bodenbelag, der ans Becken grenzt, integriert, zum Beispiel durch das Absenken einiger Bodenplatten in der angeschlossenen Liegefläche oder die Erweiterung eines umlaufenden Holzsteges.

Vergnügliches Duschen für den Nachwuchs

Geht es um die Reinlichkeit, lassen sich die Kinder schon mal bitten. Geht es um den Spaß, hilft am Ende nur, das Wasser abzudrehen. Sicher haben Sie dieses Phänomen schon beim Rasensprenger beobachtet. Während er mit pendelnden Bewegungen die grüne Fläche wässert, spielen die Kinder mit den Wasserstrahlen fangen: weglaufen oder hineinrennen ins kühle Nass – oder einfach warten, bis die nächste Dusche kommt. Erst recht können Sie Ihren Nachwuchs begeistern, wenn

Elmo ist mit drei möglichen Einstellungen recht komfortabel.

Die ganz Kleinen erfreut der nette Kerl aus der Sesamstraße mit einem feinen Sprühstrahl aus seinem Schnorchel, bis er für die Großen alle Register aus Schwimmreifen und Muschel zieht – Verzeihung, spritzt natürlich – und sich dabei um die eigene Achse dreht. Das Planschbecken mit Dusche schließt den Kreis. Lachend sitzt der pinkfarbene Elefant (siehe Seite 15) auf seinem Beckenrand und prustet Wasser durch den Rüssel. Während er fest mit dem Bassin verschweißt ist, können andere Tiere mit Brause über einen Klettverschluß an das gewünschte Becken montiert werden.

Die Wasserzufuhr geschieht in allen Fällen ganz simpel: Jeder Typ hat einen Anschluß für die gängigen Stecksysteme zur Verbindung mit dem Gartenschlauch.

Apropos Schlauch: Nach Installation der „Schaukeldusche" (siehe Abbildung unten) ist für die übrigen Gartenarbeiten ein neuer fällig.

Je mehr Löcher der Schlauch hat, desto besser.

Sie ihn mit einem lustigen „Designermodell" überraschen. Das ist zum Beispiel „Crazy Daisy" (Fisher-Price), die sich wie eine wild gewordene Blume benimmt. Das bunte Kunststoffgewächs steckt mit dem Schaft im Rasen. Durch den Druck des Wassers saust seine Blüte in Intervallen um die eigene Achse, und niemand weiß, wen ihr nächster Strahl trifft – es sei denn, jemand „lenkt" die Pflanze.

Elmos 1-2-3 Fontäne (Mattel) ist mit drei möglichen Einstellungen schon ein ausgeklügelter Typ. Mit jeder Stufe wird's spritziger:

Biotop und Schwimmbad zugleich: der Badeteich.

Schwimmen unter freiem Himmel

Türkisfarben oder naturbelassen?

Erinnern Sie sich noch an den Urlaub auf Balkonien? Kein Stau, um das Ziel zu erreichen, der Kaffee so aromatisch wie zu Hause und himmlische Ruhe, weil die Nachbarn in Ferien waren. Aber dann fehlte doch irgendwie das Wasser und man zog erneut mit dem Strom der übrigen Touristen.

Heute bleiben viele Familien wieder daheim – und schwimmen im Garten. Das eigene Freibad, gerade mal einen Kopfsprung von der Terrasse entfernt, bedeutet Badespaß pur, nicht nur während der wenigen Urlaubstage, sondern solange es die Witterung – oder die Beckenheizung – zuläßt. Ob für die Gesundheit, mit sportlichen Ambitionen oder zum Freizeitvergnügen, fast jeden zieht es aus irgendeinem Grund ins Wasser. Sinnliche Reize aus der Umgebung steigern den Genuß: die Sonne, den Wind und das Wasser spüren, Vögel, Blätterrascheln, Kinder

hören, dazu das selbst geschaffene, grüne Umfeld vor Augen. Und die sonst üblichen Hemmnisse des Alltags entfallen, im Garten gibt es keine Öffnungszeiten, keine Anfahrtswege, keinen Badelärm. Ein Hauch von (Lebens-) Luxus also, aber für Otto Normalverbraucher längst nicht mehr unerschwinglich.

Grundsätzlich haben Sie die Wahl zwischen Swimmingpool oder Badeteich. Der Erinnerung an den Urlaub am Mittelmeer, die blaue Adria oder den strahlend türkis gefliesten Hotelpool kommt wohl das herkömmliche Freibad am nächsten;

Glasklares Wasser: echt cool, der Swimmingpool.

ein Bassin, das sich ausschließlich einer Aufgabe widmet: klares Wasser zu präsentieren, wie es verlockender nicht sein kann. Wer sich jedoch eher in einem idyllischen See, verbunden mit dem direkten Empfinden der Natur, entspannt, wird mit einem Badeteich liebäugeln. Auch hier ist sauberes Wasser das oberste Gebot, aber außer den Schwimmern tummeln sich noch Pflanzen und Tiere im und um das natürlich anmutende Gewässer.

Einige Wassernarren haben sogar schon beide Möglichkeiten probiert: Sie haben den alten Swimmingpool irgendwann in einen Schwimmteich verwandelt.

An die Sicherheit denken!

Wenn Sie ein Schwimmbad auf Ihrem Grundstück betreiben, müssen Sie dafür sorgen, daß dadurch niemand zu Schaden kommen kann. Dies betrifft vor allem Kinder, nicht nur die eige

nen, sondern auch Nachbarskinder und „ungebetene Gäste". Machen Sie Ihren Garten deshalb für Fremde unzugänglich. Sogenannte Akustikmelder, die auf dem Wasser schwimmen, schlagen Alarm, sobald sich im Wasser etwas bewegt. Verlaß ist darauf natürlich nur, wenn Hilfe in der Nähe ist. Für den Swimmingpool gibt es kindersichere Abdeckungen, mit denen Sie das Bad getrost allein lassen können. Daß Kinder nicht unbeaufsichtigt planschen sollten, versteht sich von selbst.

Der klassische Pool

Zwischen Teich und Sitzplatz liegt die heimische Riviera, der Gartenpool in strahlendem Blau.

Vorüberlegungen

Der Swimmingpool ist das traditionelle Gartenbad und die sicherlich richtige Wahl für all jene, die sauberes Wasser wirklich „glasklar sehen" möchten.

Zu seinen Vorzügen gehört es, das Beckenwasser per Heizung dauerhaft nach Wunsch temperieren zu können, was nicht zuletzt die Badesaison erheblich verlängert. Außerdem lassen sich allerhand technische Raffinessen ins Becken einbauen, die das nasse Vergnügen noch sprudelnder gestalten. Manch einer hat sein blaues Paradies dann eines Tages sogar überdacht, so daß es nicht einmal mehr Regentage gibt.

Das strahlende Blau kommt allerdings nicht von ungefähr. Hier ist viel Technik im Einsatz, das Beckenwasser muß regelmäßig kontrolliert und mit chemischen Pflegemitteln behandelt werden; jedes Frühjahr erfolgt ein Wasseraustausch. Gestalterisch verlangt es etwas Fingerspitzengefühl, das doch auffällige Bassin in seine grüne Umgebung zu integrieren. Im Winter je-

doch, bei abgedecktem Becken, sind Zugeständnisse an die Optik unvermeidbar.

Der Standort

Am günstigsten liegt der Gartenpool den ganzen Tag über in der Sonne. Je mehr er davon erhält, desto wärmer das Wasser.

Eine windgeschützte Lage verhindert die rasche Abkühlung des Wassers und der Badenden sowie eine übermäßig starke Verunreinigung durch Laub und Schmutz, der durch die Luft transportiert wird.

Sichtschutzmaßnahmen können gegebenenfalls auch als Windschutz dienen. Sie sollten aber im Flächenbe-

darf schon berücksichtigt werden, genau wie ein Plätzchen fürs Sonnenbad, die Dusche, vielleicht eine Umkleide oder eine Überdachung.

Von Amts wegen

Grundsätzliche Bestimmungen zu Bauantrag und Mindestabständen zur Grundstücksgrenze finden Sie in der jeweiligen Bauordnung und dem Nachbarrecht Ihres Bundeslandes. Beim Bauamt erfahren Sie außer diesen Vorgaben, ob es weitere, besondere örtliche Bestimmungen gibt.

Praktisch: das Schwimmbad nahe dem Haus.

Die Zuordnung

Für die technische Abwicklung ist ein Freibad in Hausnähe ideal. Die Wege für die Versorgungsleitungen bleiben kurz, die Schwimmbadtechnik, Reinigungsgeräte und Pflegemittel können gut zugänglich im Keller oder der Garage untergebracht werden. Im Falle des Einbaus einer Solarheizung profitieren Sie von der Nähe einer nach Süden ausgerichteten Dachfläche. Zudem bietet das Haus Umkleidemöglichkeiten und den Blickkontakt zu badenden Kindern.

Der Baugrund

Bestehen Bedenken bezüglich der Tragfähigkeit des Baugrundes, ist eine entsprechende Untersuchung ratsam. Außerdem können ein hoher Grundwasserspiegel oder Schichtwasser Probleme bereiten. Der Pool selbst sollte nicht in eine Mulde gesetzt werden, durch Regen anfallendes Oberflächenwasser wäre dann nur mit Aufwand vom Becken fernzuhalten.

Die Beckengröße

Die Größe eines Pools ist je nach Platzangebot und vorgesehener Nutzung individuell sehr verschieden. Einige „mathematische" Anhaltspunkte machen es jedoch leichter, eigene Vorstellungen zu konkretisieren. Mit einem Schwimmstoß kommt man ein bis zwei Meter voran. Die Fachleute rechnen zwei Meter Körperlänge plus 1,50 Meter pro Stoß. In einem acht Meter langen Becken sind also vier Schwimmzüge möglich. Die Beckenbreite wird mit 2,75 Meter für einen und vier Meter für zwei Schwimmer angegeben. Sechs Meter Länge und vier Meter Breite (oder vier Meter Durchmesser bei Rundbecken) werden als Mindestmaß fürs Schwimmen erachtet. Wer richtige Bahnen ziehen möchte, sollte mit zehn bis zwölf Metern Länge planen. Bei der Wassertiefe genügen schon 1,40 Meter; „die Kinnhöhe der Hausfrau", hieß es früher so schön.

Poolpraxis
Beckenbauweisen

Zu den einfachsten Modellen gehören mobile Aufstellbecken. Der Faltpool, eine Kunststoffhülle von einem steckfertigen Gerüst gehalten, ist ein reines Sommervergnügen. Er wird im Herbst abgebaut und überwintert.
Stahlwandbecken bestehen aus einem Metallkörper mit eingehängter Folie. Sie sind mit einfachster Technik ausgestattet, durch den Laien aufbaubar sowie sehr preiswert und deshalb trotz optischer Einbußen und geringe-

Eingebautes Stahlwandbecken in Form der statisch vorteilhaften Acht.

rer Haltbarkeit eine empfehlenswerte „Einstiegsvariante". Rundbecken bis 1,20 Meter Höhe müssen nicht einmal in den Boden eingelassen, sondern können aufgestellt und im Falle eines Umzugs sogar mitgenommen werden.
Ebenfalls mit wasserdichter Folie ausgekleidete Schwimmbäder werden von Mauer-, Stahlbeton- oder gar aus Styropor (Formsteine, mit Beton verfüllt) erstellten Konstruktionen getragen. Diese Bauweisen ermöglichen frei wählbare Formen. Das gilt ebenso für Becken in Modulbauweise. Vorgefertigte Elemente aus unterschiedlichen Materialien (auch Recycling-Kunststoff) lassen sich in den gewünschten Ausdehnungen arrangieren.

Fertigbecken aus Polyester, mit glatter, sehr pflegeleichter Oberfläche, werden in einem Stück, manchmal gar aus der Luft, fix und fertig geliefert oder in Segmente zerlegt gebracht und montiert. Individuelle Wunschformen sind problemlos machbar.
Einige Beckenarten sowie komplette Schwimmbadanlagen werden zum Bau in Eigenleistung angeboten. Unterschätzen Sie den Aufwand für derartige Projekte aber nicht. Lassen Sie sich von einem Fachmann für den Schwimmbadbau beraten.

Die Filteranlage

Damit in Ihrem Schwimmbad auch tatsächlich klare Verhältnisse herrschen, brauchen Sie eine Filteran-

lage, bestehend aus Umwälzpumpe, Filterbehälter und Filtermedium, oft bereits als Einheit montiert. Sie sorgt dafür, daß möglichst das gesamte Beckenwasser innerhalb eines bestimmten Zeitraums mechanisch gereinigt wird.
Die Abbildung Seite 28 veranschaulicht den Kreislauf: Über Oberflächenabsauger (Skimmer) und Bodenablauf saugt die Pumpe das Beckenwasser an und leitet es zum Filter. Hier werden Verunreinigungen (Blätter und Insekten), Körperabsonderungen, wie Sonnenöl oder Schweiß, und Fremdstoffe (Keime und Bakterien) im Filtermedium zurückgehalten. Danach durchfließt das gereinigte Wasser bei Bedarf eine Heizstufe oder wird gleich durch die Einlaufdüsen ins Bassin zurückgepumpt.

Hier kommt der Badespaß als Polyester-Einstückbecken aus der Luft.

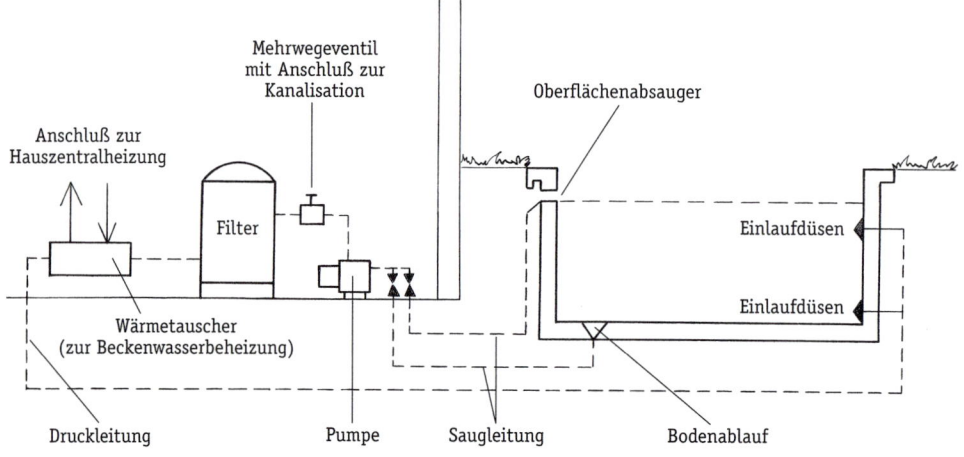

Mehrwegeventil
mit Anschluß zur
Kanalisation

Oberflächenabsauger

Anschluß zur
Hauszentralheizung

Filter

Einlaufdüsen

Einlaufdüsen

Wärmetauscher
(zur Beckenwasserbeheizung)

Druckleitung   Pumpe   Saugleitung   Bodenablauf

Die Wasserumwälzung im Swimmingpool.

Am besten ist die Technik im Keller oder einem anderen frostgeschützten Raum aufgehoben, der für die Wartungsarbeiten gut zugänglich sein sollte. Im Winter sind dann nur die Zuleitungen zu entleeren.

Schema eines Sandfilters

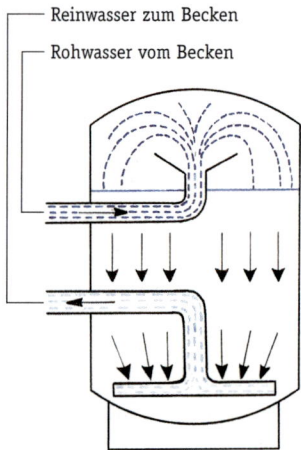

Reinwasser zum Becken
Rohwasser vom Becken

Steht die Anlage nicht frostfrei, muß sie komplett entleert werden.

Beckenbeheizung

120 bis 150 Badetage rechnet man pro Saison – wenn das Wasser warm genug ist. In unseren Breiten kann allerdings nur eine in den Wasserkreislauf eingebrachte Heizung dafür garantieren, daß die angestrebte Wassertemperatur von Mai bis in den September hinein sicher erreicht wird.
Im Fachhandel gibt es drei gängige Heizungstypen. Der Wärmetauscher heizt das Beckenwasser über die hauseigene Zentralheizung. Sowohl der Wasserkreislauf der Heizung als auch der des Pools durchlaufen das Gerät, in dem die Wärme von der Heizung über eine Austauscherfläche indirekt auf das Badewasser übertragen wird. Bei der Elektroschwimmbadbeheizung sind schwimmbadwasserbeständige Elektro-Durchlauferhitzer im Einsatz. Interessant ist diese Variante vor allem, wenn preisgünstiger Nachtstrom zur Verfügung steht.

Für alle Fälle

In Zeiten, da die Sonne allein das Wasser nicht ausreichend erwärmt, kann durch Ergänzung des Heizsystems mit einem nachgeschalteten Wärmetauscher zusätzlich die Zentralheizung angezapft werden.

Die Sonne liefert Wärme zum Nulltarif (siehe Abbildung rechts). Bei Bedarf wird das gereinigte Schwimmbadwasser durch Kollektoren gepumpt, dort die Sonnenenergie in Wärme umgewandelt und an das durchlaufende Wasser weitergegeben. Sammelrohre für den Hin- und Rücklauf besorgen den Anschluß an den Filterkreislauf. Die Montage ist mit nur wenig Aufwand verbunden. Damit's wirklich warm wird, gehören die Sonnenkollektoren idealerweise auf ein Süddach. Direkte Sonneneinstrahlung von 10.00 bis zirka 16.00 Uhr ist in diesem Fall optimal. Die Absorberfläche sollte mindestens zwei Drittel der Wasseroberfläche betragen. Je größer die Fläche, desto

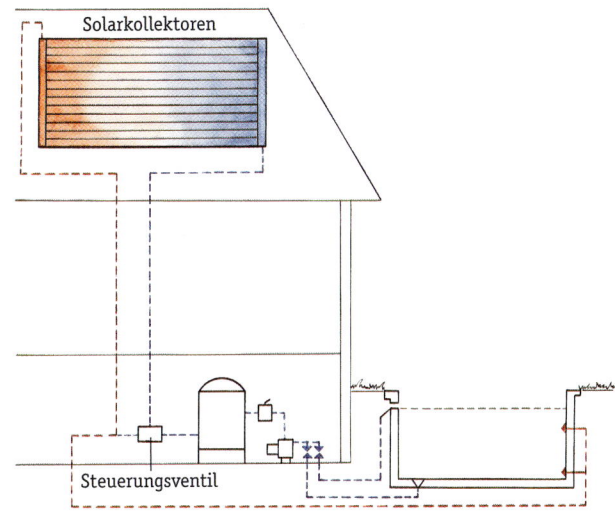

Solarkollektoren

Steuerungsventil

Der Umlauf des Wassers bei Betrieb einer Solarheizung (blau: Wasser kalt; rot: Wasser warm). Die Steuerung regelt den Durchfluß.

höher der Wärmegewinn – und zwar auch kurzfristig, wenn die Sonne nur wenig lacht.

Sonnenkollektoren auf dem Dach sorgen für wohltemperiertes Wasser im Pool.

Abdeckung und Überdachung

Eine Poolabdeckung für schwimmfreie Zeiten bietet nur Vorzüge und ist deshalb sehr empfehlenswert. Ihre Vorteile: wesentlich geringere Wärmeverluste und damit Einsparung von Energie, geringere Verschmutzung, dadurch reduzierter Pflegemittelverbrauch, Unfallschutz sowie Sicherheit für Kinder. Denn je nach Ausführung sind die Abdeckungen am Rand sicher verankert und ausreichend tragfähig, so daß keine Gefahr mehr von der Fläche ausgeht.

Das Sortiment beinhaltet Folienabdeckungen, Kunststoffplanen, Rollabdeckungen mit seitlichen Führungshalterungen und Rolladen-Profile. Die meisten Abdeckungen lassen sich jeder Beckenform anpassen, einschließlich der Ausschnitte für Treppen oder Einbauten.

Die Überdachung beinhaltet alle Vorteile einer Abdeckung. Darüber hinaus

Schon eine niedrige Überdachung bietet Schutz und die Verlängerung der Badesaison.

läßt sich die Badesaison noch einmal verlängern; Wind und Regen können den Schwimmern wenig anhaben, und nicht nur das

Wasser bleibt länger warm, auch die Luft unter dem Dach ist angewärmt.

Die Bandbreite umfaßt niedrige Kuppeln, die auf den Beckenrand gesetzt und über eine Einstiegsluke betreten werden, bis zu hochgezogenen Modellen mit Eingangstür, bei denen man neben dem Becken noch Platz für Liegestühle hat. Die Aussichten sind transparent, je nach Material milchig bis glasklar. Viele Überdachungen, auf Schienen montiert, sind zusammenschiebbar, so daß bei schönem Wetter das Freibad tatsächlich unter freiem Himmel liegt.

Einbaumöglichkeiten für Rolladenabdeckungen, auch für die nachträgliche Montage.

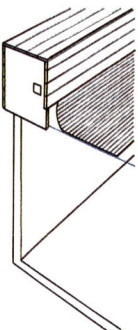

Überflurmontage

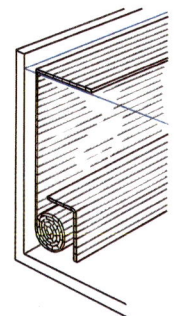

Unterflurmontage
über Beckenboden

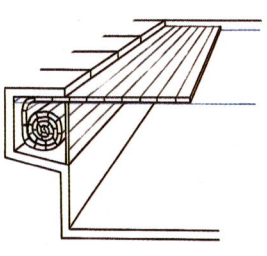

Unterflurmontage in separater
Beckenaussparung

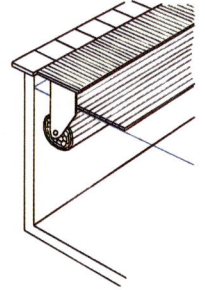

abgehängte Unterflurmontage

Die Wasserpflege

„Nicht nur sauber, sondern rein", wirbt die Waschmittelindustrie. Gleiches gilt für Ihr Schwimmbeckenwasser: Trotz optimaler Umwälzung, Filterung, Beckenbodenreinigung und den erforderlichen Frischwasserzugaben

Vorsicht!

Es versteht sich von selbst, daß der Umgang mit den Chemikalien zur Wasserbehandlung und Beckenreinigung umsichtig sowie nach genauen Anwendungsvorschriften erfolgt und die Mittel sachgerecht gelagert werden müssen.

muß man es mit chemischen Pflegeprodukten weiter aufbereiten.

Krankheitserreger, Pilze und sonstige Mikroorganismen im Wasser werden durch die Desinfektion abgetötet oder inaktiviert. Das bekannteste Mittel hierfür ist Chlor. Der pH-Wert des Wassers liegt idealerweise zwischen 7,2 und 7,6. Chlorprodukte entfalten bei diesem Wert volle Wirksamkeit, und auch das körperliche Wohlbefinden ist optimal; die Haut trocknet nicht aus, Augen und Schleimhaut entzünden sich nicht. Die Mittel zur Regulierung des pH-Wertes heißen bezeichnenderweise oft pH-plus und pH-minus. Licht, Wärme und organische Bestandteile fördern das Wachstum der Algen, die aus der Luft ins Wasser gelangen, es grünlich trüben und schlüpfrige Ablagerun-

gen bilden. Hier schaffen Algenvernichter Abhilfe. Für einen längeren Schutz wird empfohlen, das Becken nach der Frühjahrsreinigung damit einzureiben. Mit Mitteln zur Flockung werden schließlich Trübstoffe, die die Filteranlage so nicht abfangen kann, gebunden und in filtrierbare Größe gebracht.

Beckenreinigung und Überwinterung

Zum Ende des Winters ist Ihr Poolwasser durch Nutzung und Pflegemittelrückstände labil. Wie heißt es doch: „Baden allein genügt nicht, man muß auch mal das Wasser wechseln." Und zum Wasseraustausch gehört ein gründlicher Frühjahrsputz sowie die Überprüfung und Wartung der gesamten Anlage.

Im Laufe der Saison sind Sinkstoffe am Boden abzusaugen, Verunreinigungen auf dem Wasser mit einem Kescher zu beseitigen. Eine Schwimmbadabdeckung sollte man ebenfalls zwischendurch gegen Kalkablagerungen und Schmutz behandeln.

Zum Winter bleibt das Wasser heute in aller Regel im Becken. Es wirkt wärmeisolierend und verhindert

starke Temperaturdifferenzen an Beckenwänden und Boden. Lediglich der Wasserspiegel wird etwas abgesenkt.

Schwimmbäder mit wetterfester Abdeckung können auch zeitweise oder dauernd bei minimaler Beheizung weiter umgewälzt werden. Steht die Filteranlage still, empfiehlt sich die Zugabe eines Überwinterungsmittels. Durch Frost gefährdete Installationen sind rechtzeitig zu entleeren.

Mitreißende Technik: Wasserspiele

Für einen Pool wird umfangreiche Technik benötigt, um den Betrieb aufrechtzuerhalten, aber auch – und hier liegt sein unschlagbarer Vorteil – um das Vergnügen noch zu steigern.

Die Gegenstromanlage

Die bekannteste aller Wasserattraktionen ist aus dem Wunsch, kleine Becken nutzbarer zu gestalten, entstanden: die Gegenstromschwimmanlage. Bei einem kräftigen Wasserstrahl aus ein oder zwei Düsen können Sie so lange gegen den Strom schwimmen, bis Ihnen die Puste ausgeht.

Dreifacher Wasserspaß: baden, gegen den Strom schwimmen und dann unter die Massage-Dusche.

Nach der Anstrengung lassen Sie sich massieren; per Knopfdruck wird das Wasser mit Luft gemischt, je mehr desto weicher der Massagestrahl. Oder Sie lassen sich in einem prickelnden Perlbad treiben.

Kleine Attraktionen

Schwallduschen, Wasserkanonen, Wasserpilze oder Wasserfälle sind einfache Zugaben auf dem Beckenrand oder sogar einer Insel, die den spielerischen Umgang mit dem nassen Element bereichern. Oft werden sie zugleich als akustischer oder optischer Hintergrund verstanden. Ein kleiner Wasserfall bedeutet keinen großen technischen Aufwand, kann aber zum Beispiel durch die Verbindung von Becken und einer angrenzenden Mauer gestalterisch recht aufwertend sein.

Massageeinrichtungen

Und wenn es weniger um sportliche Fitneß als vielmehr ums Verwöhnen geht? Dann läßt man sich massieren! Abgespannt, müde oder leicht verspannt, freuen sich Muskeln und Gewebe über die kräftigen Wasserstrahlen aus der Düse. In unterschiedlichen Höhen aus der Beckenwand, eventuell auch aus dem Boden tretend

streiche(l)n sie Ihren Körper vom Nacken bis zu den Füßen. Ob Sie von härteren Strahlen gezielt oder von sanfteren Strahlen großflächig massiert werden möchten, ist nur „Einstellungssache".

Kräftige Bodensprudler sorgen für eine intensive Ganzkörpermassage ebenso wie Luftperleinrichtungen. Beim Boden-Luftsprudler strömt aus einer Bodenplatte mit kleinsten Bohrungen verdichtete Luft. Die dabei entstehenden Luftperlen erzeugen ordentlich Wirbel mit prickelnder Wirkung für Körper und Kreislauf. Das Tüpfelchen auf dem i ist die Luftsprudel-Liege. Auf unzählige Luftbläschen gebettet, fühlt es sich an, als bade man in Champagner.

Entspannung durch Massage; die Strahlkraft wird durch Drehen der Düsenblende reguliert.

Musikfreunde aufgepaßt!

Akustische Untermalung auch im Swimmingpool – Unterwasserlautsprecher machen es möglich: Hören Sie einen Marsch, wenn Bahnen geschwommen werden, Pop bei geselligem Baden und vielleicht etwas Klassik am Abend.

Nackenmassage oder Brustdusche werden auf dem Beckenrand montiert. Näheres zum Whirlpool finden Sie auf Seite 37.

Die Gestaltung

Im Garten ergeben verschiedenste Grüntöne, farbige Blüten, Baulichkeiten und viele kleine und kleinste Strukturen einen harmonisch verwobenen Gesamteindruck. Ein Swimmingpool mit klar abgegrenzter Form, einem überproportionalen Flächenanteil und einer auffälligen Farbe ist darin zunächst ein Fremdkörper. Um ihn zu integrieren, haben Sie zwei Möglichkeiten: verbindende Elemente zu finden oder ihn in den Mittelpunkt zu stellen.

Das Becken

Die meisten Becken haben einen geometrischen, einfachen Umriß. Funktion und Optik ist damit am besten gedient. Kleine Verspieltheiten ergeben sich beispielsweise durch eingeformte Treppenanlagen oder Zusatzeinrichtungen wie dem Whirlpool. Freiformbecken sind etwas flexibler. Hier kann es von Vorteil sein, vorgegebene Buchten gestalterisch zu begründen. Einer Gruppe Findlingen auszuweichen, macht beispielsweise Sinn.
Schauen Sie, ob es für die Wahl der Beckenform An-

knüpfungspunkte gibt. Ein kantiges Haus und ein geradliniges Schwimmbad lassen sich mit passender, hauptsächlich von Materialien bestimmter Umgebung zu einer ansprechenden, geometrischen Einheit verbinden. Der Pool kann darin Mittelpunkt sein. Ein freier, rundlicher Umriß läßt einer lockeren Gestaltung mehr Spielraum. Das Grün bekommt eine gleichwertige Rolle, ein Vorteil in kleinen Gärten.
Man unterscheidet Aufflur- und Einbaubecken. Beim aufgestellten Pool ist es von Nachteil, daß man gegen die

Die einfache Form in randnahes Grün gebettet, läßt Pool und Garten miteinander harmonieren.

Gelungene Lösung: Vorne erhält der Beckenüberstand eine Verblendung, nach hinten ist das Rundbecken ebenerdig eingebaut.

Beckenwand statt auf die Wasserfläche schaut. Anstelle unglücklicher Verkleidungen sind einige Gräser am Rande sowie die Abgrenzung des Badebereichs mit Pflanzen oder offenen Raumteilern ratsam.
Nach Möglichkeit wird man das Bassin wenigstens zum Teil einbauen; einen niedrigeren Beckenüberstand zu kaschieren, fällt leichter. Unterschiedlich hohe Holzpodeste und ein großes Deck als Sonneninsel in Randhöhe wären ebenso denkbar wie zwei bis drei großzügige, flache Stufen als Rahmen. Oder Sie modellieren das Gelände: Ein Teil der Beckenwand erhält eine Mauerverblendung. Der Rest wird zunächst mit Beton (Stabilität), dann mit Erdreich hinterfüllt. Das Gefälle zwischen unterer und oberer

Ebene überbrücken ein paar Stufen und Stützmäuerchen; übrigens auch eine Lösung in geneigtem Gelände.
Ein ebenerdiges Schwimmbad bietet größte Gestaltungsfreiheit. Es entspricht dem natürlichen Bild, nach dem sich Wasser in Bodenmulden sammelt.
Und welche Farbe soll die

Beckenauskleidung haben? Von Weiß über Hell- bis Dunkelblau und Türkis ist die ganze Urlaubsfarbenpalette zu haben. Die Klarheit des Wassers betonen vor allem Weiß, Hell- und Mittelblau. Zugleich sind es erfrischende, aber auch kalte, technische und deshalb die kontrastreichsten Farben zum Garten. Türkis oder „Seegrün" fügt sich besser im Grünen. Man sagt allerdings, es sei eine Schönwetterfarbe und wirke ohne Sonnenlicht etwas trüb.

Der passende Rahmen

In aller Regel erhält das Schwimmbecken eine Umrandung, aus praktischen Erwägungen und weil die Anlage dadurch großzügiger erscheint. Dafür gibt es spe-

Angenehmer Kontrast: „schwimmbadblaues" Becken und natürlicher Teich.

zielle Randsteine mit zum Pool passenden Rundungen, Innen- und Außenecken und zum Teil Fliesen für eine anschließende Liegefläche. Doch jeder andere rutschfeste, rasch trocknende Bodenbelag ist ebensogut. Vielleicht kann man an die im Garten verwendeten Materialien anknüpfen. Holz strahlt Wärme aus, im Gegensatz zum kühl daliegenden Wasser. Gleichwohl wird es im Sommer nicht heiß, und es ist angenehm, barfuß darauf zu laufen. Pflaster und Platten sind dem Wasser ebenfalls unkomplizierte Nachbarn. Natursteinpflaster eignet sich für Kreise und unregelmäßige Flächen; Verlegetechnik und Materialfarben schaffen dezente Muster. Serien aus rechteckigen und quadratischen, großformatigen Betonsteinpflastern erweitern den Spielraum. Wenn Sie Platten verwenden, wählen Sie ruhig ebenfalls zwei oder drei verschiedene Formate. Der Bereich bleibt großzügig, wirkt aber neben der großen glatten Wasserfläche trotzdem lebhaft gegliedert.

Pflanzen

Obwohl Pflanzen am Pool wegen der Wasserpflege nur eingeschränkt erwünscht

Das geschlossene Grün im Rücken gibt diesem Schwimmbad die dritte Dimension.

sind, will und kann man nicht ohne sie auskommen. Ihr Streben nach Höhe schafft angenehme Abwechslung in der ebenen Fläche aus Wasser und Umrandung. Höhere, geschlossene Gehölzpflanzungen – möglichst an der windabgewandten Seite –, die das Becken ein Stück weit umgeben, schaffen Rückhalt – ähnlich einer Wand. Einzelne Pflanzen oder Gruppen setzen Akzente. Das kann sogar am Beckenrand, an einer Randeinbuchtung oder einem Einschnitt im Sonnendeck geschehen. Gräser, Blattschmuckstauden wie Federmohn, Zierrhabarber und

Artischocke oder blühende Iris, Dreimasterblume, Taglilie und Lavendel lohnen allemal einen Blick. Sie verlieren keine Miniblättchen oder Einzelblütchen, die das Wasser unnötig verschmutzen würden. Große Pflanzenteile sind mit dem Kescher schnell beseitigt. Und damit bei Regen keine Erde ins Bassin spritzt, wird das Beet mit Kieseln abgedeckt, ergänzt um einige größere Steine zur Dekoration. Der Urlaubsatmoshäre am Pool entspricht auch das Aufstellen von Kübelpflanzen. Sie brauchen allerdings mehr Pflege und einen Platz für die Überwinterung.

Aufgelockert und keineswegs abweisend wahrt der Sichtschutz die Privatsphäre.

Bauliche Elemente

Liegt das Schwimmbad am Haus, hat es ein Rückgrat. Anderenfalls sorgen neben den Pflanzen Baulichkeiten dafür, daß vertikale Elemente der großen Fläche Stabilität und Abwechslung verleihen. Dies ist zum Beispiel mit einer Pergola, entlang des Beckens oder über dem Liegeplatz möglich. Als rückwärtiger Abschluß für den Badegarten könnten es auch halbhohe, auf Lücke gesetzte Holz- oder Steinsäulen in einer Pflanzung sein. Mauern am Pool sind gewagt, doch durchaus denkbar. Eine freistehende Wand mit breiter Schwallbrause

oder zwei versetzt angeordnete Mauern mit Durchblick ins Grüne sind gestalterische Kunstgriffe.

Recht natürlich kann man mit einer Steinlandschaft zum Garten überleiten. Am Beckenrand beginnt die Bepflanzung spärlich, Bruchsteine oder Kies decken den Boden vollflächig ab. Nach hinten zu wird es grüner, der Boden bleibt frei.

Sicht- und Windschutz

Im Badegarten sind bei Bedarf ein Windschutz und die Wahrung der Intimsphäre sehr wichtig. Kein Problem, wenn der Platz reicht; der grüne Abschluß aus einer

mehrstufigen, dichten Gehölzpflanzung schließt Neugierige aus. Schmaler geht es mit einer geschnittenen Hecke. Obwohl sie aus Laubhölzern lebendiger wirkt (zum Beispiel aus Hainbuchen, die lange das Laub halten), ist eine immergrüne Variante (Lebensbäume, Scheinzypressen) günstiger, wenn der Pool dem Wind zugewandt liegt. Setzen Sie vor die Hecke noch Gruppen farbiger Stauden oder Gehölze, sonst erscheint die grüne Wand zu trist.

Das Raumsparmodell par excellence sind Rankgerüste. Edle Metallgitter und schicke Spaliere aus Holz sorgen für einen reizvollen Rahmen, Kletterpflanzen für eine nette An-, aber keine Durchsicht.

Und es geht auch ohne Grün, mit Trennwänden aus Bambus oder mit einer Segeltuchbespannung. Das Sortiment der Schutzzäune beschränkt sich längst nicht mehr auf Lamellenwände. Lockern Sie die Grenze beispielsweise mit einer Kombination aus Dichtzaun- und Rankgitterelementen auf. Die Durchblicke werden mit Pflanzen wieder geschlossen. Ziehen Sie den Zaun nur so weit, wie Sie ihn für den Schutz wirklich brauchen.

Wasser in Sonderformen

Kleine Lösungen

Nicht immer kann oder muß es ein Swimmingpool sein. Manchmal stellt eine kleine Ausgabe des großen Geschwisters die praktikablere Lösung dar. Das Fitneßbecken mag dem Wasserfreund genügen, der sein kleines Stückchen Grün nicht völlig zugunsten eines Freibads hergeben möchte. Und oft ist gar nicht das Schwimmen selbst der Motor für den Wunsch nach einem Gartenbad, sondern das passive Vergnügen.
Am günstigsten sind solche Becken schnell und bequem vom Haus aus zu erreichen. Eine zusätzliche Umkleide entfällt, geduscht wird drinnen oder unter einer einfachen Gartenbrause.

Der Whirlpool

Entspannung durch Wärme und Massage mittels Luft lautet die Wirkformel des quirligen Wassers. Weiterer Pluspunkt für den Whirlpool: Ganzjährige Nutzung angenehm, denn beim Baden in körperwarmem Wasser sind winterliche Außentemperaturen eher ein prickelnder Kontrast.
Die meist aus Kunststoff bestehenden Becken sind etwa 75 bis 90 Zentimeter tief, Sitzstufen und/oder Liegemulden bereits angeformt. Technisch gesehen benötigt der Whirlpool die gleiche Ausstattung wie ein Swimmingpool: Pumpe, Filter und Heizung. Um die chemische Wasserbehandlung kommt man ebenfalls nicht umhin, da sich häufige Wasserwechsel statt dessen nicht rechnen. Täuschen Sie sich nicht: Je nach Größe fassen die Becken zwischen zirka 800 und 2000 Litern. Zugaben wie Punktmassageanlagen und Unterwasserbeleuchtung runden auch hier die Sache ab. Eine wärmedämmende Abdeckung, wie überhaupt ein gut isoliertes Becken, ist ratsam, auch im Hinblick auf Kinder, die selbst im flachen Wasser eines Whirlpools ertrinken können.
Die Schale bis etwa Sitzhöhe in den Boden einzulassen sieht gefällig aus und ist auch für den Ein- sowie Ausstieg bequem. Ob ein Whirlpool einbaubar ist, sollte man vorher erfragen. Wenn nicht, werden mitunter passende Verkleidun-

Einfach nur wohlfühlen: der steckerfertige Whirlpool auf der Terrasse.

gen angeboten. So bei den steckerfertigen Becken. Keine Baustelle, lediglich ein standfester, waagerechter Grund aus Platten oder armiertem Beton muß dazu vorbereitet werden. Die Installationen befinden sich im Poolkörper; ein Fachmann für den Stromanschluß und ein Gartenschlauch sind alles, was Sie noch brauchen. Ergänzen kann man eine abgestufte Holzumrandung – praktisch als Ablage, Außenbank und Stufe für den besseren Einstieg. Sogar mit einem passenden Pavillonaufbau können Sie das kleine Badehaus komplettieren.

Warmbäder

Hot-Tubs heißen sie in Amerika und sind eigentlich nichts anderes als ein Whirlpool, aber in einem Holzbehälter. Nur von den Reifen werden die Rotholzdauben der runden oder ovalen Fäßer gehalten. Für die Dichtigkeit sorgt das Wasser. Damit sieht das Warmbad erfrischend untechnisch, dafür warm und behaglich aus. Optik und grünes Ambiente harmonieren aufs beste. Leider hat die Sache einen kleinen Haken: In der Bundesrepublik bestehen zum Teil hygienische Bedenken wegen des Holzes.

Gartenhaus = Badehaus

Massage- und Trimm-Dich-Becken

Auch bei diesen beiden Varianten handelt es sich um Schwimmbäder im Mini-Format, die allerdings, wie der Name schon sagt, einer speziellen Nutzung vorbehalten sind. Dafür werden sie neben der üblichen Umwälzung mit der zugehörigen Technik versehen, also mit Massagedüsen beziehungsweise einer Gegenstromschwimmanlage ausgerüstet.
Wieder sind die Modelle als Aufstell- oder Einbaubecken erhältlich. In der Größe unterscheiden sie sich allerdings. Ein rundes Massagebecken kommt mit einem Durchmesser von 1,50 Meter aus, für das Trimm-Dich-Becken werden wenigstens drei Meter Durchmesser gebraucht, um genügend Bewegungsfreiheit zu haben.

Zu Risiken und Nebenwirkungen …
… raten Ärzte und Anlagenhersteller: 20 Minuten im Whirlpool genügen. Die ersten zehn Minuten wirken anregend auf Ihren Kreislauf, nach weiteren zehn Minuten sind Sie wohlig entspannt.

Eine klare Sache: der Badeteich

Gerade mal einen Kopfsprung weit liegt das Bade-Biotop von der Terrasse entfernt.

Die grüne Alternative

Die Idee ist längst nicht mehr neu, aber in den letzten zehn Jahren immer populärer und, was die Systeme betrifft, weiter ausgefeilt worden. Der Schwimmteich: die grüne, chemiefreie Alternative zum Swimmingpool, für alle, die das Bad in natürlichem Wasser schätzen.

Obwohl ein Badeteich allein durch die Bauart bedingt etwa die doppelte Fläche bei gleicher Beckengröße in Anspruch nimmt als der herkömmliche Pool, fällt er überhaupt nicht aus dem grünen Rahmen. Schließlich gehört ein Teich ja durchaus zum Garten, nur daß man in diesem eben auch schwimmt. Dementsprechend wirkt das Terrain nicht verlassen, wenn er nicht zum Baden genutzt werden kann. Rund ums Jahr bietet das Gewässer Abwechslung, tierische Gäste jederzeit, Frühlingserwachen der vielen, darunter blühenden Sumpf- und Wasserpflanzen, üppiges Grün im Sommer, dazu herrlich warme Badetage, den Zauber des Rauhreifs zum Herbst, und im Winter hüllt sich das Biotop – so das Wetter mitspielt – in eine attraktive Decke aus Schnee. Wintersportbedingungen gut: Auf der gefrorenen Wasserfläche kann man Schlittschuh laufen, schliddern, Eisstock schießen. Die Investition lohnt also ebenso, wenn es seinen Besitzern nicht vordergründig um regelmäßiges Schwimmen geht. Viel Pflege verlangt das Öko-Bad für all das übrigens nicht.

Das Schwimmen in Teichwasser bleibt allerdings ein Stück weit Einstellungssache. Selbst wenn man kaum Gefahr läuft, sich mit den Wassertieren Kopf-an-Kopf-Rennen zu liefern – die nehmen vor den Menschen Reißaus – und im Schwimmbereich auch nicht von Pflanzen belästigt wird, widerstrebt manchem einfach die Vorstellung, zwar in hygienisch unbedenklichem, aber mehr oder weniger „naturtrübem" Wasser zu baden.

Ein bißchen sind Sie dabei auf die Sonne angewiesen. Nicht, daß das Wasser nicht ausreichend warm zum Baden würde. Doch eine Beckenheizung, die selbst in der Vor- und Nachsaison konstant 28 Grad Wassertemperatur garantiert, gibt es nicht.

Wenn's richtig kalt wird, geht's zum Wintersport vor die Haustür.

Das Prinzip: Reinigungskräfte aus der Natur

Wie alles, hat die Natur es bestens eingerichtet, daß auch in unseren Gewässern Klarheit herrscht, solange niemand den Kreislauf stört. Abgestorbene Pflanzenteile, Wasserverunreinigungen und schädliche Stoffe werden von Bakterien, Mikroorganismen, Kleinstlebewesen sowie ausgewählten Pflanzen ausgefiltert, zersetzt, um- oder abgebaut. Dabei entstehen unter anderem Nährstoffe, die den Pflanzen wieder als Nahrung dienen. Das Kraftwerk Sonne liefert die Energie für das Wachstum, sorgt für angenehme Temperaturen und die notwendige Wasserzirkulation. An der Oberfläche nimmt

das Wasser Sauerstoff auf, und einige Pflanzen sind in der Lage, Sauerstoff ans Wasser abzugeben, eine wichtige Voraussetzung zur natürlichen Selbstreinigungskraft.

Eigentlich haben die Pioniere im Bau von Badeteichen nur ins Werkbuch der Natur geschaut. Jeder Schwimmteich hat einen tiefen, erd- und pflanzenfreien Schwimmteil. Daran schließt sich die flache, bepflanzte Regenerationszone an. Der Bereich enthält sehr mageres Substrat oder einen speziellen, in den Korngrößen abgestuft eingebauten Kies- bzw. Mineralkörper, der dadurch gute Filtereigenschaften besitzt. Die hier wachsenden Pflanzen gestalten nicht nur eine natürlich anmutende

Kulisse, sie stehen für die Erhaltung einer guten Wasserqualität (siehe Seite 49). Die Abgrenzung zwischen beiden Bereichen muß unterhalb der Wasseroberfläche enden, so findet die notwendige Wasserzirkulation statt. Das Wasser im Regenerationsteil heizt sich sehr schnell auf und tritt von allein den Austausch mit dem kühleren Wasser aus dem Schwimmbereich an. Damit die Natur Schritt halten kann, muß die Fläche des Regenerationsteils genauso groß wie die des Badeteils sein.

Vorüberlegungen
Der Standort

Die Sonne ist natürlich wichtig, sie wärmt das Wasser (im Sommer übrigens durchaus auf 25 bis 28 °C), und die Pflanzen benötigen das Licht zum Wachsen. Sechs bis acht Stunden Sonnenschein am Tag sollte ein Badeteich sommertags haben. In der prallen Mittagshitze sind die Sumpfpflanzen für etwas Schutz trotzdem dankbar.

Große Bäume und Sträucher gleich am Teich erhöhen allerdings den Pflegeaufwand. Da der Badegarten nicht unbedingt die Anbin-

Standort sonnig, mit schattenspendender Kulisse am Flachwasser.

**Was ist genehmigungs-
pflichtig?**

Bauvorschriften sind
nicht allein in 16 unter-
schiedlichen Landes-
bauordnungen geregelt,
sondern berühren mög-
licherweise auch andere
Bestimmungen. Keine
Angst, in der Regel gibt
es kaum Probleme. Sie
sollten sich aber beim zu-
ständigen Bauamt oder
der Unteren Wasser-
behörde informieren!

dung an die Hausanschlüsse
braucht, ist die Nähe zum
Gebäude unerheblich, höch-
sten praktisch, was das Umkleiden betrifft.

Der Baugrund

Der Baugrund muß ausrei-
chend tragfähig sein. Sehr
schwerer oder sogar felsiger
Untergrund erschwert bzw.
verteuert die Aushubar-
beiten erheblich. Schicht-
oder Grundwasser können
ohne entsprechende Maß-
nahmen das Vorhaben zum
Scheitern bringen. Sollten
Sie die Untergrundverhält-
nisse nicht kennen, lassen
Sie sie vorab von einem
Fachmann (Geologen) unter-
suchen. Was vorher nicht
bekannt ist, kann hinterher
ins Geld gehen.

Achtung beim Bau in Hang-
lagen. Es liest sich leicht:
oben abgraben, unten an-
schütten. Doch von der
Wasserfüllung eines Bade-
teichs gehen enorme Kräfte
aus. Ist der angeschüttete
Boden nicht sorgfältigst ver-

dichtet, bringt der Wasser-
druck das Ganze in Bewe-
gung. Daß die Teichkante
sich dadurch einseitig
senkt, ist nur eine mögliche
Folge. Stützmauern sind
grundsätzlich statisch zu
berechnen.

*Dieser Garten wurde ganz und gar der Leidenschaft seiner
Besitzer gewidmet – dem Wasser.*

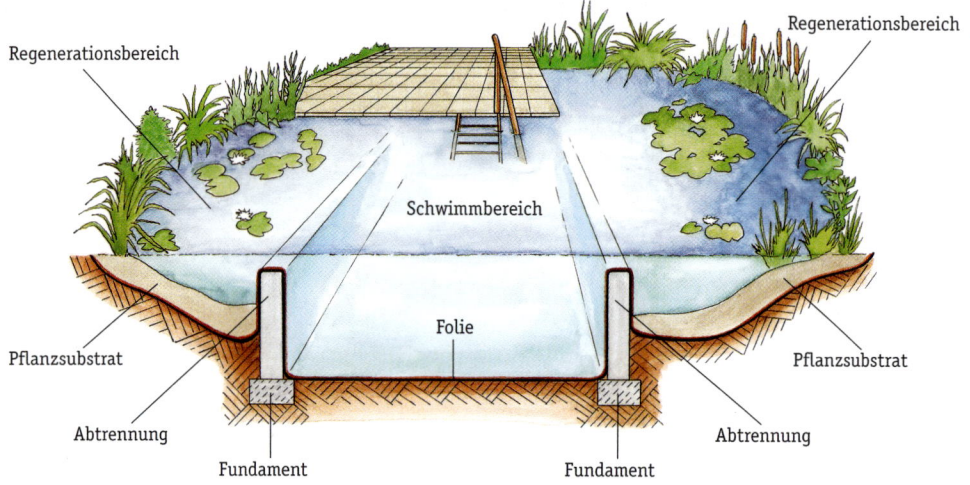

Regenerationsbereich

Regenerationsbereich

Schwimmbereich

Folie

Pflanzsubstrat

Pflanzsubstrat

Abtrennung

Abtrennung

Fundament

Fundament

Schnittansicht eines Badeteichs in Einkammersystem-Bauweise.

Die Größe

Wie groß Ihr Schwimmteich werden kann, hängt in erster Linie davon ab, wieviel Platz überhaupt zur Verfügung steht. Gehen Sie von der sportlichen Betätigung aus, ist ein Schwimmbereich von 10 x 4 Metern sinnvoll (siehe Seite 26), zum Baden geht's ganz nach eigenem Belieben. Hinzu kommt noch einmal die gleiche Fläche für den Flachwasserbereich. Je nach Bauweise ist zusätzlich mit einem zweiten Klärteich und einem Bachlauf zu rechnen. Von den System-Anbietern werden Mindestgrößen von 40 beziehungsweise 60 Quadratmetern für einen Badeteich genannt.

Das Füllwasser

Das Wasser mit dem Sie Ihren Badeteich füllen, soll, im eigenen Interesse, den Richtlinien für Badegewässer entsprechen. In aller Regel ist das Leitungswasser brauchbar. Für Pflanzen und Tiere ist es jedoch nicht immer optimal verträglich, dann läßt es sich aber mit kleinen Tricks aufbereiten. Die Zusammensetzung können Sie beim örtlichen Wasserwerk erfragen, analysieren lassen oder mit einfachen Sets aus dem Handel selbst grob testen, letzteres interessenhalber auch während des laufenden Betriebs. Für die Sonderfälle Brunnen- und Grundwasser ist eine Analyse in jedem Fall ratsam.

Schwimmteichpraxis – die Systeme

Das Ergebnis der Entwicklung der vergangenen Jahre sind patentierte, lizenzierte Komplettsysteme sowie von professionellen Teichbauern – meist Betriebe des Garten- und Landschaftsbaus mit Schwerpunkt Teichbau – erarbeitete Verfahren. Eine zusammenfassende Unterscheidung erfolgt in Einkammer- und Zweikammersysteme.

Das Einkammersystem

Einkammersysteme bestehen aus einem einzigen Teich, lediglich durch eine unter der Wasseroberfläche endende Barriere in einen

Sauberes Wasser – und dabei ausschließlich auf die Natur gesetzt.

Innerhalb dieses Wasserstands wachsen die meisten Pflanzen, je tiefer ein Gewässer, desto spärlicher wird der Bewuchs.

Die Vorteile des Einkammersystems sind der geringere Flächenanspruch – sie werden schon ab 40 m², besser 60 m² angeboten – und der fehlende oder minimale Einsatz von Technik.

Natürlich differenzieren die einzelnen Anbieter ihre Systeme. Die einen setzen wirklich ausschließlich – und nicht ohne Erfolg – auf die Selbstreinigungskraft der Natur (Biotop, Mielke, Adressen Seite 62), andere „impfen" das Wasser mit Plankton bestehender Gewässer (Weixler). Ein weiteres Verfahren (Schawohl) setzt auf eine zusätzliche Filterzone. Das Teichwasser

Bade- und einen bepflanzten Regenerationsbereich unterteilt. Die Abdichtung des Teichs erfolgt durchgehend, meistens mit Folie.

Je nach Anbieter ist der Schwimmbereich zwischen 1,30 und zwei Meter tief. In einem flacheren Badeteil – die Tiefe reicht fürs Schwimmen völlig aus – erwärmt sich das Wasser schneller, bei zwei Metern (z.B. System Biotop) setzen sich die Sedimente am Boden ab und werden beim Baden nicht aufgewirbelt. Diese Schwimmzone hat möglichst steile Begrenzungen, das ist platzsparend und der Bereich so besser nutzbar. Je nach Tiefe und Bodenverhältnissen wird nur das Erdreich ausreichend

stabil angeschrägt oder man errichtet Stützmauern als Trennung.

Für die Flachwasserzone genügen 80 bis 90 Zentimeter maximale Tiefe, zum Rand hin ansteigend bis etwa auf fünf Zentimeter.

Hier enthält die Flachwasserzone (hellerer Bereich) ein spezielles Filtergranulat.

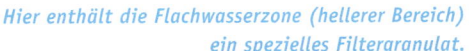

1 Absetzschacht
2 Klärteich
3 Pavillon
4 Bodenablauf
5 Flachwasser
6 Holzsteg
7 Bach
8 Schwimmteil

Die Bausteine des Zweikammersystems in einem konkreten Entwurf.

schiede betreffen gegebenenfalls verwendete Materialien, die Auswahl der Pflanzen und die Ufergestaltung.

Das Zweikammersystem

Beim Zweikammersystem besteht die Anlage aus zwei voneinander getrennten Bereichen: dem Badeteich mit Schwimm- und Regenerationszone sowie einer zusätzlichen, separaten Reinigungsstufe, dem Klärteich. Abseits des Badebetriebs bereitet die Natur das Wasser nach dem Prinzip einer Pflanzenkläranlage auf. Ein obligatorischer Bachlauf, der das Wasser mit zusätzlichem Sauerstoff versorgt, schließt den Kreislauf. Bade- und Klärteich können räumlich getrennt voneinander liegen oder eine nur durch eine Wand getrennte Einheit bilden. Für die Umwälzung wird die entsprechende Technik gebraucht. Die Abbildung veranschaulicht die Zusammenhänge (System Bioteich): Am Grund des Badeteichs werden Wasser und Sedimente über einen Bodenablauf abgesaugt und in einen Absetzschacht geleitet, der sich im Klärbecken befindet. Anorganische Sinkstoffe lagern sich dort ab, organi-

wird bei Bedarf per Oberflächen- und Bodenabsauger entnommen und durch ein spezielles Granulat gefiltert. Die Umwälzung erfolgt mittels Pumpe, hierfür ist ein separater Technikschacht notwendig.

Die Abtrennung übernehmen je nach Ausführung beim Teichaushub zu formende Wälle, Schottersäcke, Mauern oder sogar Fertigteilwände aus eigens für den Zweck entwickelten Modulen (Biotop). Weitere Unter-

Dieses System hat Pool und Badeteich vereint. Am Fuß des Schwimmteils erkennt man die Einströmöffnungen.

Schwimmzone, Flachwasser und Bach in gelungener Komposition.

sche Stoffe werden zum Teil schon zersetzt. Das Wasser steigt im Schacht auf und gelangt in den Klärteich. Pflanzen und Mikroorganismen erledigen ihre Arbeit. Das gereinigte Wasser wird zurück zur Quelle gepumpt und gelangt über den Bachlauf wieder in den Badeteich. Die Pumpe, die den Umlauf bewerkstelligt, befindet sich in einem separaten Schacht.

Der Bau eines Zweikammersystems ist aufwendiger und benötigt verständlicherweise mehr Raum. Wenigstens 60 m² Fläche, besser mehr, sollten zur Verfügung stehen. Ein noch neues Verfahren (K-Pool) kombiniert seine Anlagen mit einigen Elementen aus dem Schwimmbadbaubereich. Es setzt zu-

nächst auf einen umgekehrt trapezförmigen Querschnitt des Reinigungsteils (maximal 1,50 Meter tief). Er wird über spezielle Formbauteile zur Abtrennung von Bade- und Regenerationszone geschaffen. Damit und durch die Füllart der Zone wird eine optimale Umwälzung und Wasserschichtung bezweckt. Einströmöffnungen am Fuß der Wandbauteile verbessern den internen Wasseraustausch vom Regenerations- zum Schwimmbereich weiter. Sie sind zusätzlich mit Einströmdüsen, durch die Wasser aus dem Klärteich zurückgepumpt wird, versehen. Damit's funktioniert, stehen die Module auf der dichtenden Folie. Ein Schwimmbadskimmer sorgt für die Absau-

Nützlich und dekorativ: die Klärstufe.

Der Rohbau steht; spezielle Winkelelemente trennen den Bade- vom Regenerationsbereich.

gung von Verschmutzungen an der Oberfläche zur Beförderung in den Klärbereich. Ungewöhnlich sind die Möglichkeiten eine zu öffnende und schließbare, klimatisierte Acrylglas-Überdachung, Gegenstromschwimm- oder Massageanlage ergänzen zu können. Die Mindestgröße liegt bei 60 m², Tendenz: kleiner.

Der Schwimmteich – Schritt für Schritt

Das folgende Kapitel will keine Bauanleitung ersetzen, sondern eine Vorstellung der Arbeitsabläufe vermitteln.

Die Ausführungsarbeiten beginnen mit der Übertragung der Form des zukünftigen Badegartens ins Gelände und

Beckenabdichtung: handaufgelegtes GFK

Hinter den drei Buchstaben GFK verbirgt sich glasfaserverstärkter Kunststoff. Die vom Profi auszuführende Abdichtung eines Teiches mittels dieser Methode (Kirchner) erfolgt direkt auf die ausgeformte, verdichtete Teichgrube. Stufen oder Vertiefungen, in denen später die Stegstützen stehen, können schon eingearbeitet sein. Belastbar, absolut robust, langlebig und jeder erdenklichen Form anzupassen, sind die Vorteile der Dichtung.

dem exakten Einmessen der Höhen. Im nächsten Schritt wird die Grube ausgehoben und das Teichprofil grob ausgearbeitet; beim Zweikammersystem werden gleichzeitig die Rohre für den Ablauf verlegt sowie der Absetzschacht erstellt.

Jetzt folgt der Aufbau der Trennwände zwischen Bade- und Flachwasserzone, wenn nicht ein Erdwall die Aufgabe aus Platzgründen übernimmt. Zu diesem Zweck werden spezielle Module aufgestellt sowie Betonmauern oder Steinwände errichtet. Bevor eine Sandschicht

Nach dem Auslegen der Grube mit Vlies wird die Folie (hier am Stück geliefert) verlegt.

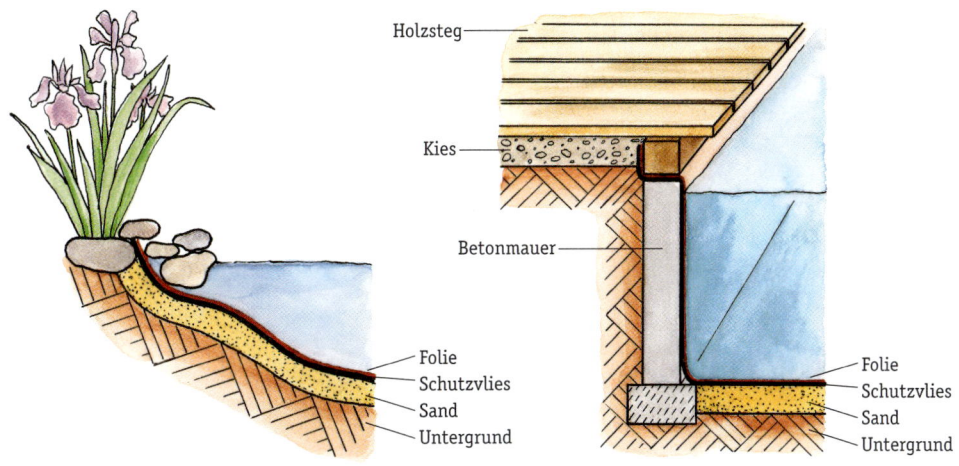

Holzsteg

Kies

Betonmauer

Folie
Schutzvlies
Sand
Untergrund

Folie
Schutzvlies
Sand
Untergrund

Folienränder am Badeteich: Am bepflanzten Ufer wird die Dichtung oberhalb des Wasserspiegels senkrecht gestellt (links). Bei einer Mauerbegrenzung mit Stegauflage kann die Folie rückseitig am Holz befestigt werden.

und/oder ein Geovlies zum Schutz der Abdichtung eingebracht werden, wird die Grube exakt ausgeformt, geglättet und alle Unebenheiten sowie Wurzeln und scharfkantige Steine entfernt.
Das Verschweißen der Folie übernehmen am besten Fachleute vor Ort. Das vereinfacht die Arbeit und ermöglicht eine exaktere Paßform. Ganz wesentlich ist die Kapillarsperre im Übergang von der Folie zum Erdreich des Gartens (siehe Abbildung). Zwischen Wasser und Erde darf keine Kontaktmöglichkeit bestehen. Denn Boden wirkt wie ein Docht, er saugt das Wasser

in nicht geringen Mengen aus dem Teich.
Pfosten und Unterkonstruktion für eine hölzerne Steganlage können schon jetzt

gefertigt werden. Nach Einbringen von Filterkörper oder Substrat in die Regenerationszone werden die Wassergewächse direkt aus-

Der Schwimmteich vor Bepflanzung und Füllung.

Eigenleistungen

Einige Firmen bieten die Reduzierung der Baukosten durch Eigenleistung an. Überlegen Sie genau, was wirklich im Rahmen Ihrer Möglichkeiten liegt. Im Gegensatz zum Zierteich braucht man zum Ausheben der Grube eine Maschine, die anfallenden Erdmassen müssen wenigstens teilweise abgefahren werden, die Höhen exakt stimmen, das Folienpaket bewältigt werden. Der Selbstbau eines Schwimmteichs nach Anleitung oder auch mit einem Baukastensystem ist nur versierten Heimwerkern zu empfehlen. In Teilleistungen empfiehlt es sich eigentlich immer, auf den Fachmann zurückzugreifen.

gepflanzt oder in Körben gesetzt. Zum krönenden Abschluß wird der Teich befüllt. Gehören zur Anlage noch ein Bachlauf oder Klärteich werden sie in den entsprechenden Schritten parallel zum großen Teich erstellt. Zur Fertigstellung gehören Abschlußarbeiten an der Steganlage, die Ufergestaltung und Arbeiten in Verbindung zum Garten. Die Pumpe für den Betrieb

eines Bachlaufs oder einer Quelle ist wegen der Gefährlichkeit von Elektrizität in Verbindung mit Wasser grundsätzlich außerhalb des Badeteichs, in einem separaten Technikschacht unterzubringen. Eine Saugleitung, möglichst am tiefsten Punkt eines Teiches, zieht Wasser ab, das dann über eine Druckleitung zum gewünschten Wiederaustritt befördert wird. Alle zugehörigen (Elektro-) Installationen sind nach einschlägigen Sicherheitsvorschriften und nur mit dem dafür zulässigen Zubehör mit äußerster Sorgfalt, am besten vom Fachmann, vorzunehmen. Übrigens: Wo und wie tief Sie Wasser- oder Elektroleitungen verlegen, sollten Sie fotografisch und in einem Leitungsplan mit genauer Vermaßung zu festen Bezugspunkten erfassen.

Die Pflege

Das Wichtigste: Keinen Wasserwechsel vornehmen! Ein regelmäßiger Austausch würde das biologische Gleichgewicht wieder zerstören, es müßte sich in frischem Wasser von neuem aufbauen. Die Füllung in Ihrem Schwimmteich regeneriert sich jedoch von

selbst. Die nötige Zufuhr frischen Wassers ergibt sich durch das Auffüllen von Verdunstungsverlusten, durch Regen, mit dem Schlauch oder einer automatischen Befüllung. Einige Schwimmteichbauer gehen heute davon aus, daß das Wasser überhaupt nicht gewechselt werden muß, andere nennen einen Zeitraum von acht bis zehn Jahren.

Das kühle Naß klärt sich auf natürliche Weise, was also gibt es noch zu pflegen? Für die Einkammersysteme wird empfohlen, im Frühjahr einmal den angefallenen Bodenmulm im Schwimmbereich mit einem Kescher zu entfernen oder Ablagerungen an Wänden und Boden mit speziellem Gerät vom Rand aus abzubürsten und abzusaugen. Nach einigen Jahren müssen die Ablagerungen im Flachwasser entfernt bzw. abgepumpt werden. Beim Zweikammerverfahren erfolgt zwar ein ständiges Absaugen der Sedimente, trotzdem ist die Reinigung der Begrenzungen des Badeteils ratsam. Ein Poolreinigungsroboter kann Ihnen bei der Erledigung dieser Arbeit helfen. Im Abstand von einigen Jahren ist der Schlamm im Absetzschacht auszusaugen. Übrigens bieten die meisten

Botanischer Name	Deutscher Name	Höhe	Blüte	Blütezeit
Alisma plantago-aquatica	Froschlöffel	40–100	weiß	VI–VII
Caltha palustris	Sumpfdotterblume	30	gelb	IV–VI
Carex acutiformis	Sumpfsegge	100	braun	V–VI
Carex riparia	Ufersegge	100	braun	IV–V
Filipendula ulmaria	Mädesüß	120	weiß	VI–VII
Iris pseudacorus	Sumpfschwertlilie	100	gelb	V–VII
Juncus effusus	Flatterbinse	80	braun	VII–VIII
Lythrum salicaria	Blutweiderich	120	violett	VI–X
Myriophyllum spicatum	Tausendblatt	10	rosa-weiß	VI–IX
Nymphaea alba	Seerose	10	weiß	V–X
Nymphoides peltata	Seekanne	10	gelb	V–VII
Ranunculus aquatilis	Wasserhahnenfuß	–	weiß	V–VIII
Stratiotes aloides	Krebsschere	10	weiß	V–VII
Typha angustifolia	Schmaler Rohrkolben	200	braun	VI–IX
Typha latifolia	Breitblättriger Rohrkolben	200	braun	V–X

Firmen einen Reinigungsservice an.

Im Laufe der Saison sollten eventuell auftretende Algen und grober Schmutz, der auf der Oberfläche schwimmt, abgenommen werden. Dies kann je nach System auch ein eingebauter Oberflächenabsauger tun. Wird eine Pumpe betrieben, ist sie regelmäßig zu kontrollieren. Im Winter, vor Frosteintritt sind die Zuläufe zu entleeren.

Zur Pflege gehört auch, sich um die Pflanzen zu kümmern. Im Frühjahr schneidet man vertrocknete, abgestorbene Pflanzenteile raus und pflanzt nach, falls es Ausfälle gab. Erste Auslichtungsmaßnahmen stehen meist erst nach zwei bis drei Jahren an. Als Faustregel gilt: Etwa ein Drittel der Wasseroberfläche gehört den Pflanzen. Nicht düngen, nur bei Mangelerscheinungen gibt es zusätzliche Nahrung.

Stichwort Repositionspflanzen

Während die tierischen Bewohner den Weg zum Teich von ganz allein finden, wird die Bepflanzung geplant und ausgeführt. Bei der Auswahl der Gewächse steht der Nutzen für die Wasserqualität im Bade-Biotop obenan. Tatsächlich gibt es Pflanzen, die einen nicht unerheblichen Beitrag zur Wasserklärung leisten. Repositionspflanzen (lateinisch: reponere = wiederherstellen) nennt man sie.

Es sind „hungrige" Pflanzen, die sich mit den im Wasser gelösten Nährstoffen versorgen und diese damit Algen und anderen unerwünschten Erscheinungen entziehen. Am fein verzweigten Wurzelwerk der Gewächse lagern sich Schwebstoffe an. Nicht nur die Unterwasser-

Der Rohrkolben ist ein richtiger „Saubermann" im Bade-Biotop.

Nicht nur nützlich, sondern auch ein leuchtender Frühjahrsmelder: die Sumpfdotterblume.

pflanzen gehören zu den Sauerstofflieferanten. Dem Leben im Wasser angepaßt, werden die Sumpfpflanzen durch ein besonderes Luftleitsystem von oben bis in die Wurzeln mit Sauerstoff versorgt. Einen Teil geben die Wurzeln ans Wasser ab. Dieser wird für Umsetzungsprozesse zur Umwandlung von Schadstoffen und die Versorgung der für die Wasserklärung so wichtigen Bakterien gebraucht. Außerdem wirkt Sauerstoff wie auch andere Wurzelausscheidungen keimtötend.
Ganz wichtig: Die Pflanzen schaffen geeigneten Lebensraum für Mikroorganismen, den wesentlichen Betreibern der Klärungsprozesse.
Eine kleine Auswahl an Re-

positionspflanzen finden Sie in der Tabelle auf Seite 49. Die meisten wachsen in Sonne oder Halbschatten. Im Flachwasserbereich eines Einkammerteiches machen die Repositionspflanzen etwa ein Drittel aus. Beim Zweikammersystem ist diese Zone nicht zwangsläufig stark besiedelt. Die gezielte Reinigung findet im Klärteich statt, mit entsprechenden Vertretern dicht bestückt.

Die Gestaltung
Teichform und -größe

Die Form des Teichs ist im Gegensatz zum klassischen Pool völlig frei wählbar. Selbst wenn der Badeteil, zur besseren Nutzung und durch

eine Begrenzung mit Mauern mehr oder weniger winklig ausfällt, kann man die Flachwasserzone mit beliebig viel Schwung ergänzen. Die Zuordnung beider Zonen und die Randgestaltung entscheiden über den Charakter einer Anlage. Wird der Badebereich rundherum vom Naturteil umgeben, kommt das dem lockeren Bild eines Weihers am nächsten. Ist der Schwimmteil seitlich angeordnet, der Teich also teilweise von einer Geraden begrenzt, erreichen Sie eine architektonische Wirkung, erst recht durch einen Steg oder angrenzenden Platz, der die Kante betont.
Die Farbe der Beckenauskleidung ist Sache des Geschmacks. Erdfarbene Folien

in schwarz, braun oder oliv-
grün ähneln einem natürlichen Teich. Die Oberfläche
spiegelt stark, das Wasser
scheint tief, aber man sieht
der Sache nicht unbedingt
auf den Grund. Cremefar-
bene Folie ermöglicht den
Sichtkontakt zum Boden,
die Schwimmzone sticht jedoch stärker hervor.
Für einen Schwimmteich
gilt: je größer, desto besser
für die biologische Funktion.
Von den genannten Mindestgrößen muß man ausgehen.
Darüber hinaus ist es Ermes-
senssache, welches Gewicht
die Anlage bekommt. In einem „Faulenzergarten" wird
man sicher viel Platz fürs
Baden geben. Auf kleinstem
Raum muß man sich für das
Wichtigste entscheiden. Ist
es der Schwimmteich „flu-
ten" Sie Ihren Garten zum
„Badespaß total"!

Der bauliche Rahmen

Dort, wo nicht das flache
Wasser und Pflanzen lang-
sam zum Garten überleiten,
gestalten bauliche Elemente
den Rahmen, allen voran der
beinahe obligatorische Badesteg. Gestalterische Miß-
griffe sind mit der Verbindung von Holz und Wasser
kaum möglich. Ein Steg
kann am Becken entlang
oder ins tiefe Wasser führen,

Architektur von Haus und Badegarten ergänzen sich hier perfekt.

kann sich zur Sonnenplatt-
form erweitern oder ein
Plätzchen unter den Pflanzen und Tieren sichern.
Geht es quer übers Wasser,
ist der Holzweg sinnvoll,
weil er nur ein paar tragende
Stützen braucht, die zweck-

mäßig am trockenen Ufer
und im Schwimmteil stehen.
Ebenfalls aus Holz kann man
eine Pergola als Abschluß
zum Badegarten errichten,
vielleicht mit Kletterpflanzen als Schattenspender
bestückt.

Klare Gestaltung – sichtbar bis zum Grund.

Haus und Pergola geben dem Schwimmteich einen festen Rahmen.

vervollständigen das Bild vom Badegarten. Achten Sie darauf, daß Sie die Steine nicht regelmäßig übers Terrain verteilen und am Rand keinen gleichmäßig breiten Kiesring ausstreuen. Ein paar Trittsteine, die im flachen Wasser zu einer besonders schönen Stelle mit einem großen Sitzstein führen, schaffen ein ganz besonderes Plätzchen.

Der grüne Rahmen

Auch Steine sind eng mit dem Element Wasser verbunden. Eine niedrige Trockenmauer, die den Teich ein Stückchen begleitet, gibt der Anlage einen kleinen Rahmen und hilft gleichzeitig eine größere Fläche zu gliedern. Stärker noch wirkt die steinerne Einfassung, wenn sie in ansteigendem Gelände den Höhenunterschied zur nächsten Ebene betont.

Dem Beckenumlauf sowie der Sonnenterrasse am Wasser stehen auch Platten oder Pflaster gut zu Gesicht. Am schönsten ist Naturstein oder Kunststein mit natürlichem Outfit, rauher Oberfläche, gebrochenen Kanten und dezenten Farben. Im Gegensatz zum Holz, das schon aus Konstruktionsgründen eine Kante hat,

kann man einer Pflasterfläche durchaus weiche Ränder geben.

Große Findlinge oder Kiesel im flachen Wasser und am Ufer, mal einzeln, mal in kleinen Gruppen gesetzt,

Der Ausblick aufs Wasser, der Anblick hübscher Blüten und der Weitblick zu einem ansprechenden Hintergrund, das alles ist kein Zufallsprodukt, sondern Ergebnis der Gestaltung mit Pflanzen.

Die kleine Mauer stützt ansteigendes Gelände und schafft Raum am Schwimmteich.

Gelungene Staffelung: am Wasserrand eine niedere Pflanzung, dahinter die hohe, grüne Kulisse.

hauptsächlich die Blattformen aus. Eine grasartige Kulisse läßt sich allein mit einigen Reinigungspflanzen der Feuchtzone, Seggen, Glanzgras, Rohrkolben oder sogar Schilf gestalten. Ornamentale Blattstauden wie das Schaublatt oder Zierrhabarber sind Landgewächse. Am trockenen Ufer macht sich auch ein Solitärgehölz als Blickfang recht gut, zum Beispiel ein Fächerahorn, Federbuschstrauch oder Japanischer Schneeball. Überhaupt sollten als Abschluß, wenn der Platz reicht, unbedingt auch einige Gehölze wachsen. Wenn die Stauden zum Winter einziehen und von der Bildfläche verschwinden, sorgt das holzige Gerüst der Sträucher noch immer für optischen Halt.

Im Wasser erfüllen die Gewächse nicht nur eine Funktion, sie schaffen bereits eine Kulisse, die sich am trockenen Ufer fortsetzt. Dieses Ufer sollte den Teich mal schmaler, mal breiter umlaufen. Im Vordergrund wird die Pflanzung flach gehalten, damit der Blick vom Steg oder der nahen Terrasse frei über die Wasserfläche gleiten kann. Im Hintergrund hingegen braucht er etwas Halt. Hier ist der richtige Platz für höheres, raumgestaltendes Grün. Vorn nimmt das Auge die einzelne Blüte, weiter hinten nur noch den Farbklecks wahr. Soll der rückwärtige Bereich lebhafter werden, pflanzt man also noch vor eine grüne Rückwand vielblütige Stauden mit kräfti-

gem Flor. Dazu gehören die Sumpfschwertlilie, Sumpfdotterblume, Blutweiderich und Sumpfvergißmeinnicht im flachen Wasser sowie Taglilie, Wiesenstorchschnabel, Goldfelberich oder Purpurdost am trockenen Ufer. Den grünen Background machen

Bäume als eindrucksvolle Teichrandgestalten.

Pool vor der Umgestaltung.

Sichtschutz

Um das Bad ungestört zu genießen, lassen sich für den Schwimmteich gleiche Schutzvorkehrungen treffen wie am Pool (Seite 36). Allerdings sollte hier die grüne Lösung der baulichen Alternative nach Möglichkeit vorgezogen werden, vor allem im Anschluß an den natürlichen Teil. Nadelgehölze gehören nicht zu einer Wasserlandschaft. Reicht der Platz für eine blickdichte Laubholzpflanzung nicht aus, igeln Sie sich einfach hinter hohen, schlankwachsenden Gräsern wie Chinaschilf oder Bambus ein. Machen Sie sich auch am Badeteich nur so unsichtbar wie nötig, die Anlage büßt sonst leicht von ihrer Großzügigkeit ein.

Vom Swimmingpool zum Badeteich

Ein nicht mehr zeitgemäßes Betonschwimmbecken, ein überaltetes Polyesterschwimmbad oder eine leidige Chlorallergie machen den Spaß am Swimmingpool zunichte. Viele Besitzer herkömmlicher Pools gehen in so einem Falle den Weg zurück zur Natur: Sie lassen das alte Becken in einen Badeteich umwandeln. Der

Vorteil: Die Begrenzungen für den Schwimmteil sind schon vorhanden. Die Bedingung: Ausreichend angrenzende Fläche für die Ergänzung eines Regenerationsbereichs muß zur Verfügung stehen. Bei einem Betonbad wird die Beckenwand in dem Bereich, in dem sich das Flachwasser anschließen soll, insoweit abgetragen, als sie später unterhalb des Wasserspiegels enden muß. Bei Polyester und anderen Becken, deren Wände nicht gekürzt werden können, wird um die Regenerationszone Boden angeschüttet, damit man den Wasserstand über die Beckenwände anheben kann. Greift der Naturteil nicht um das gesamte Becken, werden die neuen geraden Teichränder mit Stützmauern erhöht. Die übrige Anlage des neuen Bade-Biotops erfolgt wie beschrieben. Auch die Umwandlung in ein Zweikammersystem ist übrigens möglich.

Badeteich nach der Umgestaltung.

Ein wenig Ambiente

Einstieg und Steg

Einstiegshilfe heißt das technische Wort für Treppen und Leitern, die für mühelosen Ein- und Ausstieg im Schwimmbad sorgen. Im Poolbereich gehören Leitern mit drei oder vier Stufen (meist Edelstahl, Edelstahl/Kunststoff) zu jedem Programm. Man kann sie abschrauben, um sie für den Winter oder eine Grundreinigung abzubauen. Außerdem gibt es Raumspartreppen mit Handlauf, gerade für ältere Menschen eine bequeme Alternative. Große Treppenanlagen haben vor allem gestalterischen Anspruch, sind jedoch als Sitzplatz im Wasser oder als Bank vor einer Massagedüse ebenfalls recht praktisch. Sie brauchen viel Platz und gehören in aller Regel schon zur Beckenkonstruktion.

Beim Badeteich sind Treppen oder Leitern meistens aus Holz. Hier und da sieht man einen eleganten Handlauf aus Edelstahl, der dem architektonischen Teich eine besondere Note verleiht. Optisch dominiert den Teich jedoch häufig die Stegan-

Ein ausgefallener Zugang: Trittplatten und steinerne Stufen führen ins Bade-Biotop.

lage, der Einstieg ist daran als schmückendes Zubehör montiert.

Der Holzweg hat verschiedene Funktionen und damit gestalterisch ein recht wandelbares Gesicht. Zunächst gewährt er den Zugang, quer übers Flachwasser als Brücke zum innen gelegenen Badebereich. Er kann auch entlang des Beckens führen, gewissermaßen als Rahmen. Zur Plattform erweitert,

Pooleinstieg in Form einer Römischen Treppe.

bietet er Gelegenheit, direkt am Wasser ausgiebig zu faulenzen. Dieser eigentliche Badesteg mit Einstieg gehört in den Vordergrund; ein zusätzlicher, schmaler Steg kann weiter hinten, kaum sichtbar durch hohes Röhricht führen, um am Ende auf die offene Wasserfläche zu stoßen. Eine andere Variante überquert den Teich

Gut kombiniert: ein Holzsteg als Rahmen, Trittplatten als Querverbindung.

sogar, als Badesteg und zugleich Spazierweg. Üblich sind quer auf der Konstruktion liegende Hölzer. Kurze Stege kann man jedoch „verlängern", indem man die Bohlen schräg oder längs zur Laufrichtung anbringt.

Das beste Bauholz im und am Wasser ist die Lärche. Völlig unbehandelt, nur unter Anwendung des konstruktiven Holzschutzes – z.B. für den raschen Wasserabzug abgeschrägte Kanten – hält sie jahrzehntelang aus. Außerhalb des Wassers vergraut das Holz, eine natürliche Erscheinung. Einzige Problemzone: der wechselfeuchte Bereich, mal naß, mal trocken. Hier befinden sich in der Regel jedoch nur Treppe oder Leiter. Morsche Auftrittsbretter können nach einigen Jahren unschwer ausgetauscht werden. Behandelte Hölzer sind am Badeteich weniger geeignet. Was von der Imprägnierung eventuell eingespült würde, beeinträchtigt die Wasserqualität. Der Auftrag von Mitteln per Anstrich ist völlig ausgeschlossen. Stegstützen, im Schwimmbereich gegründet, werden in Mörtelkübel oder Maurereimer mit abgerundetem Boden einbetoniert. Diese stehen auf Folienresten oder Vlies, so nimmt die Foliendichtung darunter keinen Schaden. Leiter oder Treppe werden vorzugsweise am Steg befestigt. Oder hätten Sie gern einen schwimmenden Steg? Nehmen Sie sich

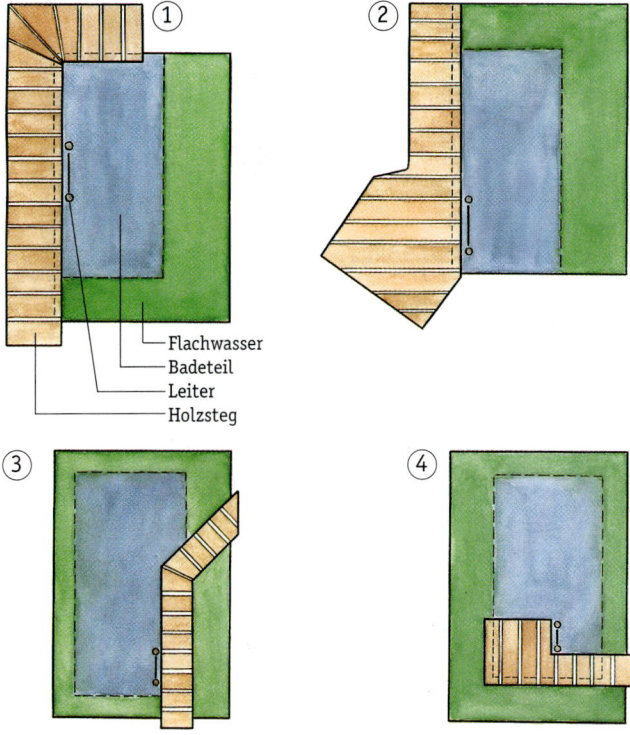

Flachwasser
Badeteil
Leiter
Holzsteg

Stegvariationen am Badeteich: Der Holzweg als Einfassung (1); zum Liegeplateau erweitert (2); als Überweg und Verbindung (3); zur Sonneninsel verbreitert (4).

Für Schwimmbadleitern gelten gesonderte Stufenmaße.

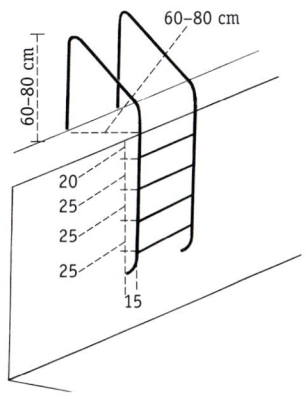

60–80 cm

60–80 cm

20
25
25
25
15

Stützen in Mörtelkübel gesetzt; unter dem Steg verbirgt sich künftig ein Oberflächenabsauger.

ein Beispiel an den Anlegern auf Flüssen und Seen.
Für jeden Einstieg gilt: Er muß sicher sein! Gegebenenfalls werden Treppenauftritte mit rutschfester Noppenfolie belegt. Zur besseren Griffigkeit der Stegflächen können Rillen in die Oberfläche der Auflagehölzer gefräst sein.

Ein Platz an der Sonne

Zumindest ein kleiner Platz am Wasser, als Treff, zum Verschnaufen und Sonnen, ist ein Muß für den Badegarten.
Am häufigsten handelt es sich dabei um eine gepflasterte, mit Platten belegte oder hölzerne Fläche an Pool

Sandstrand, Sonnendeck und ein schattiges Plätzchen unterm Stoffzelt.

oder Teich. Die Form kann den Zuschnitt des Beckens schlüssig ergänzen oder langsam zum Garten überleiten. Übers Wasser ragende

Anlegen und Sonne tanken!

Liegeplätze aus Holz verleihen auch dem Swimmingpool eine natürliche, dennoch elegante Erscheinung. Inseln sind im klassischen Pool wegen des baulichen und technischen Aufwands eher selten. Im Schwimmteich ist es relativ einfach, eine hölzerne Plattform mitten ins Geschehen zu setzen, wenn es die Größe der Wasserfläche erlaubt. Und wie wär's mit einem Kies- oder Sandstrand gleich am eigenen Weiher? Der Untergrund wird zu diesem Zweck mit Mulden geformt, zum besseren Halt für das feine Material. Der Unterbau muß durchlässig sein, so daß er einen raschen Regenabzug garantiert. Mit dem Einwehen von Sand ins Wasser ist gegebenenfalls zu rechnen.

Zur einladenden Ausstattung des Platzes gehört auch Mobiliar. Im einfachsten Falle ist das die Bademattе, neben Zeitung, Handtuch und kaltem Getränk unter dem Arm ans Wasser getragen. Es kann aber auch eine weich gepolsterte Sonnenliege oder Schaukel, eine aufstellbare Hängematte oder ein lustiger Strandkorb sein – Hauptsache bequem.

Die Sonne lacht nicht nur, sie strahlt auch. Deshalb sollten Sie ebenso an Sonnenschutz denken. Ist im Rahmen der Gestaltung eine feststehende Pergola als teilweise Überdachung der Liegefläche vorgesehen, sorgt die Begrünung mit Kletterpflanzen für lichten Schatten. Mittels einer Stoffbespannung, über Seilzug regulierbar, kann die Beschattung nach Bedarf erfolgen.

Mobilen Schutz bietet als erster der gute alte Sonnenschirm, in jeder Größe und Farbe zu haben; ihm auf den Fersen die neuerdings sehr verbreiteten, offenen Stoffzelte, einfarbig weiß oder gestreift. Viel leichter und schwungvoller aber wirken

Badepool mit großzügiger Terrasse, von Markisen und Sonnenschirm beschattet.

Sonnensegel. Ob naturfarben oder als farbkräftiger Akzent, kleines Rechteck-Segel oder weit schwingendes Dach scheinen sie beinahe fürs Thema Wasser geschaffen – wie ihr Name schon sagt.

Und wo bleibt bei allem Schutz die Sonnenbräune? Allen, die auf ihre Urlaubsfarbe vom heimischen Strand nicht verzichten möchten, versprechen Schirme und Segel aus einem speziellen Material, daß diese Folie hautschädigendes Licht absorbiert, sie aber die bräunungswirksamen Strahlen durchdringen.

Raum für das Nötigste

Ein Plätzchen um sich rasch mal umzukleiden, Unterstellmöglichkeit für mobiles Mobiliar sowie vielleicht ein Raum für Technik und Reinigungsmittel nahe dem Pool: Manchmal ist es praktisch, so eine Einrichtung ganz in der Nähe zu haben.

Die Unterbringung der Schwimmbadtechnik stellt besondere Ansprüche. Sie verlangt eine Mindestgröße sowie ausreichend Platz für die Wartungsarbeiten, Pumpe und Filter müssen frostfrei stehen. Eine solche Baulichkeit tritt, falls man

Dieser Holzpavillon ist nicht nur praktisch, sondern obendrein sehr attraktiv.

Das Stoffhäuschen bietet Platz für die Taucherbrille, Schwimmtiere, Gummiboot... ach ja, und zum Umkleiden.

häuschen schön, kaum breiter als seine Tür und farbig gestrichen. „Wie früher im Strandbad", werden Ihre Besucher staunen. Etwas schlichter sind den Sommer über aufgestellte Kabinen aus festem, gestreiftem Tuch. Brauchen Sie nur hin und wieder eine separate Umzugsmöglichkeit für Badegäste, ist ein Paravent ideal. Am Rande der Sonnenterrasse plaziert, mit ein oder zwei beigestellten Kübelpflanzen dekoriert, ist die mobile Umkleide bei Bedarf schnell herbeigeschafft.

sie braucht, recht massiv in Erscheinung. Standort und Aussehen müssen deshalb von vornherein auch nach gestalterischen Aspekten abgewogen werden.

Geht es nur um die Unterstellung der Möbel oder das Wechseln der Badesachen ist ein offener Pavillon nützlich. Dort kann man beschattet am Wasser sitzen, und wenn niemand hineinschauen soll, schließt man die Stofftore der Zeltüberdachung oder läßt die Schilfmattenrollos am Holzpavillon runter.

Speziell als Umkleide ist in entsprechender Umgebung ein kleines viereckiges Holz-

Und abends bei Licht

In lauer Sommernacht kann Ihnen Ihr Gartenbad in einem ganz anderen Licht erscheinen – vorausgesetzt es wurde an ein Beleuchtungskonzept gedacht. Die heitere Betriebsamkeit des Tages hat der abendlichen Stille Platz gemacht, nun zaubern Lampen optische Effekte.

Versteckt am Boden stehende Strahler erleuchten die Randkulisse, Zweige und Blätter der Pflanzen spiegeln sich auf der dunklen Wasserfläche. Mal scharf, mal mit der Dunkelheit verschmelzend erscheinen sie der Rea-

Abendstimmung am Badestrand; möchte man die Lichtquellen verbergen, verwendet man Strahler anstelle von Lampen.

lität seltsam enthoben. Ein besonderer Blickfang, eine Skulptur mit einem Spot bedacht, erhält eine neue, nächtliche Perspektive. Wieder ein anderes Bild beleuchten unter Steg oder Sonnendeck montierte Lampen. Der Pool gleich an der Terrasse gibt die Konturen des erleuchteten Hauses wieder.

Szenenwechsel: Sie schalten die Unterwasserbeleuchtung in Pool oder Badeteich ein. Der Blick auf eine hell erleuchtete Wasserfläche, das Glitzern, wenn die Bewegung des Wassers im strahlenden Licht sichtbar wird, die Atmosphäre eines nur

noch am Rande mit schwachem Schein angedeuteten Gartens gibt dem Erlebnis Wasser eine weitere Dimension – und lockt zum Mitternachtsschwimmen noch einmal ins Freie.

Wichtig ist eine gleichmäßige Ausleuchtung von Becken oder Schwimmteil.

Wegleuchten

Liegt Ihr Gartenbad vom Haus entfernt, denken Sie daran, den Weg dorthin zu erhellen. Bodennahe Lampen, die dezentes Streulicht geben, sichern den Weg.

So fühlt man sich sicher und nicht an unangenehme Untiefen erinnert.

Stimmungsvoll: der Pool mit nächtlicher Beleuchtung

Adressen und Bezugsquellen

Badespaß für Kinder

-Wehncke Freizeit- (Plansch-
becken und -duschen)
Helgoländer Straße 1-3
37269 Eschwege
Tel.: 05651/9270-0
Fax: 05651/9270-40/47/48

Mattel GmbH (Gartenduschen
für Kinder)
Postfach 102070
63266 Dreieich
Tel.: 06103/891-0
Fax: 06103/86132

Vock-Spiele (Ballondampfer)
Rodensteiner Straße 26
64407 Fränkisch-Crumbach
Tel.: 06164/939090
Fax: 06164/939093

Gartenduschen

Gardena, Kress & Kastner
GmbH
Hans-Lorenser-Straße 40
89079 Ulm
Tel.: 0731/490-0
Fax: 0731/490-219

Marley Werke GmbH
(Kaltwasserleitungen)
31513 Wunstorf
Tel.: 05031/53-0
Fax: 05031/53170

MTH Moderne Wassertechnik
GmbH (Solar-, Edelstahldu-
sche)
Postfach 1309
82198 Gilching
Tel.: 08105/9 07 11
Fax: 08105/2736-20

Swimmingpools und Zubehör

Bundes-Fachverband
Schwimmbad-Technik e.V.
Gothaer Allee 2
50969 Köln
Tel.: 0221/93655-808
Fax: 0221/93655-809

Altenhofen Schwimmbad &
Saunabau
Holzstraße 47
65197 Wiesbaden
Tel.: 0611/423444
Fax: 0611/423401

Debes & Wunder GmbH &
Co. KG
Aschaffenburger Straße 28a
63867 Johannesberg
Tel.: 06021/3649-0
Fax: 06021/3649-90

HotSpring Portable Spas
(steckerfertige Whirlpools)
Whirl-Pool-Import GmbH
Hollenstedter Straße 36
21647 Moisburg
Tel.: 04165/6407
Fax: 04165/6972

MTH(siehe oben)

RivieraPool Fertigschwimm-
bad GmbH
Industriestraße 2
49744 Geeste-Dalum
Tel.: 05937/66-0
Fax: 05937/8541

Sopra Schwimmbad- und Frei-
zeittechnik GmbH

Marienstraße 15
41334 Nettetal
Tel.: 02153/912777
Fax: 02153/912778

Wendel GmbH & Co. KG
Kaufacker 8
55743 Idar-Oberstein
Tel.: 06784/99770
Fax: 06784/997720

Badeteiche

Bioteich Schweiz, Lehnert-
Hauenstein AG
Alte Stockstraße 8
CH-5022 Rombach
Tel.: 0041/62/8272525
Fax: 0041/62/8272527
Zentrale Deutschland:
Tel.: 01805/228754

Biotop Landschaftsgestaltung
GmbH
Hauptstraße 285
A-3411 Weidling/ Kloster-
neuburg
Tel.: 0043/2243/30406
Fax: 0043/2243/30406-22
Zentrale Deutschland:
Tel.: 089/52314020
Zentrale Schweiz:
Tel.: 055/2123383

Hammer & Kampermann
Sonnenhausen 2
85625 Glonn b. München
Tel.: 08093/300668
Fax: 08093/300658

Kirchner Garten & Teich GmbH
(Teiche aus glasfaserverstärk-
tem Kunststoff)

Register